21 世纪全国高职高专汽车系列技能型规划教材
一体化课程教学改革教材

汽车车身电控系统检修

主　编　温立全　丁富强　吴继坚
副主编　郭仲伦　刘承志
参　编　王玉彪　王朝武　罗彩茹

内容简介

本书是汽车运用与维修专业一体化课程教学改革系列教材之一。本书精选了 4 个来自于汽车维修企业的一线维修案例，设计了两种车型的 4 个学习任务，即安全气囊指示灯点亮故障的检修(丰田卡罗拉车型为例)、电动车窗不工作故障的检修(丰田卡罗拉车型为例)、中控锁不工作故障的检修(大众帕萨特车型为例)、数据总线故障的检修(大众帕萨特车型为例)。每个学习任务按照故障的初步检查与确认、维修方案的制订、维修方案的实施、完工检验、成果展示与交流的基本工作过程设置学习内容，让学生在完整的活动中进行理论与实践一体化的学习，从而培养对汽车车身电控系统进行检修的能力。

本书内容新颖全面、图文并茂、通俗易懂、易学好教。全书共分两个篇章：第 1 篇是一体化实习操作篇(正文工作页)，第 2 篇是理论知识篇(单独装订成册)，理论知识篇的相关知识为完成一体化实习操作篇学习活动的有力支撑，且每个学习活动与相关知识的章节一一对应。

本书可作为高等职业院校汽车运用与维修专业学生的教学用书，也可以作为职业技能培训和其他从事相关专业人员的参考书。

图书在版编目(CIP)数据

汽车车身电控系统检修/温立全，丁富强，吴继坚主编. —北京：北京大学出版社，2014.1

(21 世纪全国高职高专汽车系列技能型规划教材)

ISBN 978-7-301-23512-6

Ⅰ. ①汽… Ⅱ. ①温…②丁…③吴… Ⅲ. ①汽车—车体—电子系统—控制系统—车辆修理—高等职业教育—教材 Ⅳ. ①U472.41

中国版本图书馆 CIP 数据核字(2013)第 284043 号

书　　　　名：	汽车车身电控系统检修
著作责任者：	温立全　丁富强　吴继坚　主编
策划编辑：	赖　青　邢　琛
责任编辑：	李娉婷
标准书号：	ISBN 978-7-301-23512-6/U·0101
出版发行：	北京大学出版社
地　　　　址：	北京市海淀区成府路 205 号　100871
网　　　　址：	http://www.pup.cn　新浪官方微博：@北京大学出版社
电子信箱：	pup_6@163.com
电　　　　话：	邮购部 62752015　发行部 62750672　编辑部 62750667　出版部 62754962
印　刷　者：	三河市博文印刷厂
经　销　者：	新华书店

787 毫米×1092 毫米　16 开本　14.25 印张　321 千字
2014 年 1 月第 1 版　2014 年 1 月第 1 次印刷

定　　价：30.00 元

未经许可，不得以任何方式复制或抄袭本书之部分或全部内容。

版权所有，侵权必究

举报电话：010-62752024　电子信箱：fd@pup.pku.edu.cn

前　言

"汽车车身电控系统检修"是汽车运用与维修专业的一门实践性很强的必修专业课。本书实用性强，融入了高等职业院校汽车运用与维修专业的一体化改革的成果，结合了当前汽车维修行业的生产实际，具有较强的针对性。本书从汽车维修行业岗位群的知识和技能要求出发，结合学生创新能力的培养、职业道德方面的要求，提出教学目标并组织教学内容。

本书引入学习领域先进课程理念，创设一体化学习与工作情境，以4个案例为主线，实现行动导向典型任务学习，促进学生综合职业能力发展。书中的工作页呈现源于典型工作任务的学习任务，通过体系化的引导问题，指导学生在完整的活动中进行理论与实践一体化的学习，在培养专业能力的同时，帮助学生了解真实工作过程，实现一体化教学目标。

本书所整理、编辑的学习任务都是来自于汽车维修企业一线维修案例，学习任务的设置遵循故障的检查与确认、方案制订、方案实施、完工检验、成果展示与交流的形式，引导学生形成工作的逻辑思路，增进汽车维修的感性认知。这些学习任务中所使用的工作页将学习与工作紧密结合，以"学习的内容是工作，通过工作实现学习"为宗旨，促进了学习过程的系统化，使教学内容更贴近企业生产实际。本书突出了工作页对学生实操过程的指导作用，并将工作过程的关键步骤具体标明，以达到学生依据工作页参考理论知识篇的相关知识便可基本独立完成整个工作过程操作的效果。从初步制订工作计划，到大致确定所需的工量具及维修资料，直到整个工作任务的所有操作与分析诊断环节开展，在本书的工作页中皆有体现，其中相关任务完成后实操场地的整理和清洁，逐步按照质量管理的7S管理理念——整理、整顿、清洁、清扫、素养、安全及节约的标准规范执行。学习工作过程中，学生记录、填写的所有内容都应该是从工作操作中实际获取的数据、相关诊断分析思路及其结果；或者是工作操作过程中应该特别注意的或明确的知识点。工作页中的评价与总结，既有技术方面的评价，也有综合技能的考核；既有个人的自我总结，也有小组的相互点评；评价方式有书面的也有口头的；评价形式多样，全面考查学生的综合能力。课后的评价是让学生总结自己在完成本工作任务之后获得哪些收获，掌握了哪些技能，有哪些体会及经验教训，是否达到了预先制订的工作目标。这样，可以让学生养成事后总结的习惯，有利于锻炼和提高学生的写作水平、展示能力。

本书由温立全、丁富强、吴继坚任主编，郭仲伦、刘承志任副主编，王玉彪、王朝武和罗彩茹参编。具体编写分工为：温立全编写第1篇的任务1和第2篇的任务1；丁富强编写第1篇的任务2和第2篇的任务2；吴继坚编写第1篇的任务3；郭仲伦编写第1篇的任务4；刘承志编写第2篇的任务1；王玉彪编写第2篇的任务2；王朝武编写第2篇的任务3；罗彩茹编写第2篇的任务4。全书由温立全统稿。

本书在编写过程中，得到了深圳第二高级技工学校、深圳市风向标科技有限公司、深圳技师学院、深圳市汽车维修行业协会、深圳职业技术学院等单位和多位资深专家的悉心指导，在此一并表示衷心的感谢。

限于编者的经历与水平，书中内容很难覆盖到所有的车型及实际情况，希望各教学单位在使用本书的过程中，注意总结经验，及时提出修改意见和建议，以便再版修订时改正。

编　者
2013年9月

目 录

任务 1 安全气囊故障指示灯点亮故障的检修 1

 学习活动 1.1 安全气囊故障指示灯点亮故障的初步检查与确认 1
  一、工作与学习目标 1
  二、工作过程及学习记录 1
  三、工作效果评价 7

 学习活动 1.2 安全气囊故障指示灯点亮故障的维修方案制订 8
  一、工作与学习目标 8
  二、工作过程及学习记录 8
  三、工作效果评价 13

 学习活动 1.3 安全气囊故障指示灯点亮故障的维修方案实施 14
  一、工作与学习目标 14
  二、工作过程及学习记录 14
  三、工作效果评价 18

 学习活动 1.4 安全气囊故障指示灯点亮故障的维修完工检验 19
  一、工作与学习目标 19
  二、工作过程及学习记录 19
  三、工作效果评价 21

 附件 1 22

任务 2 电动车窗不工作故障的检修 23

 学习活动 2.1 电动车窗不工作故障的初步检查与确认 23
  一、工作与学习目标 23
  二、工作过程及学习记录 23
  三、工作效果评价 29

 学习活动 2.2 电动车窗不工作故障的维修方案制订 30
  一、工作与学习目标 30
  二、工作过程及学习记录 30
  三、工作效果评价 33

 学习活动 2.3 电动车窗不工作故障的维修方案实施 34
  一、工作与学习目标 34
  二、工作与学习记录 34
  三、工作效果评价 42

 学习活动 2.4 电动车窗不工作故障的维修完工检验 43
  一、工作与学习目标 43
  二、工作与学习记录 43
  三、工作效果评价 45

 附件 2 46

任务 3 中控锁不工作故障的检修 47

 学习活动 3.1 中控锁不工作故障的初步检查与确认 47
  一、工作与学习目标 47
  二、工作与学习记录 47
  三、工作效果评价 53

 学习活动 3.2 中控锁不工作故障的维修方案制订 54
  一、工作与学习目标 54
  二、工作过程及学习记录 54
  三、工作效果评价 60

 学习活动 3.3 中控锁不工作故障的维修方案实施 61
  一、工作与学习目标 61
  二、工作与学习记录 61
  三、工作效果评价 68

 学习活动 3.4 中控锁不工作故障的维修完工检验 69
  一、工作与学习目标 69
  二、工作与学习记录 69
  三、工作效果评价 71

附件 3 72

任务 4　数据总线故障的检修 73

学习活动 4.1　数据总线故障的初步
　　　　　　　检查与确认 73
　　一、工作与学习目标 73
　　二、工作过程及学习记录 73
　　三、工作效果评价 80

学习活动 4.2　数据总线故障的维修
　　　　　　　方案制订 81
　　一、工作与学习目标 81
　　二、工作过程及学习记录 81
　　三、工作效果评价 88

学习活动 4.3　数据总线故障的维修
　　　　　　　方案实施 89
　　一、工作与学习目标 89
　　二、工作与学习记录 89
　　三、工作效果评价 97

学习活动 4.4　数据总线故障的
　　　　　　　维修完工检验 98
　　一、工作与学习目标 98
　　二、工作与学习记录 98
　　三、工作效果评价 100

附件 4 101

参考文献 102

任务 1

安全气囊故障指示灯点亮故障的检修

学习活动 1.1　安全气囊故障指示灯点亮故障的初步检查与确认

班级_____姓名_____学号_____工号_____日期_____测评等级_____

一、工作与学习目标

 (1) 能够识别仪表灯并确认安全气囊故障指示灯点亮故障。
 (2) 能够对安全气囊进行初步诊断,建立思路。
 (3) 能够描述安全气囊系统元器件名称、位置和作用。
 (4) 能够相互展示成果并评价。
 (5) 能够执行过程性检验及 7S 工作理念。

二、工作过程及学习记录

 1. 制订工作计划

 (1) 根据学习活动内容制订合理的工作计划,并完成表 1-1。
 (2) 各组选派一名质检员交叉进行过程检验。

表 1-1

序号	项　　目	人员	时间段
1	查阅维修手册,找出安全气囊检修的注意事项		
2			
3			
4			
5			
6			

续表

序号	项目	人员	时间段
7			
8			
9			
10			

2. 列举安全事项

(1) 参考图 1-1，查阅维修手册及相关资源，检索并列举安全气囊的检修事项。

(2) 全组阅读安全气囊检测注意事项，签名确认并展示。

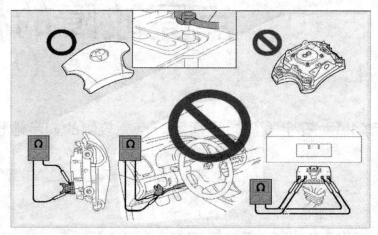

图 1-1　安全气囊的检修事项

3. 填写车辆基本信息

完成表 1-2。

表 1-2

基本信息	车身底盘号		车　型	
	发动机型号		公里数	
故障现象				

问题：该车的生产国别是＿＿＿＿，生产年份是＿＿＿＿，分别记录于 VIN 的第＿＿＿＿位和第＿＿＿＿位，记录车辆基本信息的重要性在于：＿＿。

4. 故障确认

(1) 安装车辆防护套件。

(2) 在图 1-2 中圈出安全气囊指示灯，画箭头指向，并注明"安全气囊指示灯"。

(3) 确认故障现象，观察安全气囊故障指示灯，并在对应的方框内划"√"，完成表 1-3。

图 1-2 仪表指示灯

表 1-3

指示灯的颜色	□黄色 □红色 □绿色 □蓝色
正常工作状态"KEY ON"	□4～6s 后熄灭 □一直点亮 □闪烁
实际工作状态 "KEY ON"	□4～6s 后熄灭 □一直点亮 □闪烁

(4) 安全气囊故障指示灯的图标有(　　)。

A. AIRBAG   B. SRS   C. ABS   D. OPDS   E.

(5) 初步诊断。

① 按图 1-3 所示短接 DLC3 的 CG 和 TC 端子，观察 SRS 指示灯，读取故障代码并清除。

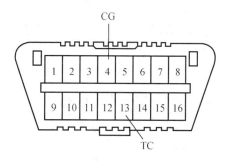

图 1-3 DLC3 端子位置

② 使用诊断仪读取故障代码并清除，完成表 1-4。

表 1-4

操　作	故障代码及内容	指示灯状态
清除前		
清除后		

5. 识别实车元器件

(1) 查找维修手册及相关资源，选择正确的元件名称，填入图 1-4 和图 1-5 对应的方框内。

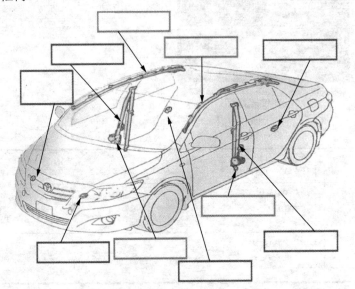

A. 左侧侧面碰撞传感器
B. 左前侧安全带预紧器
C. 右后碰撞传感器
D. 左后碰撞传感器
E. 左前正面碰撞传感器
F. 右侧侧面碰撞传感器
G. 右侧头顶帘式气囊
H. 右前侧安全带预紧器
I. 左侧头顶帘式气囊
J. 右前正面碰撞传感

图 1-4 实车气囊元件布置图 1

K. 安全气囊指示灯
L. 仪表板
M. 驾驶侧安全气囊
N. 螺旋电缆
O. SRS ECU
P. 左侧面气囊
Q. 右侧面气囊
R. 乘客侧安全气囊

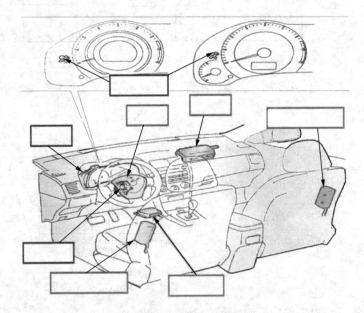

图 1-5 实车气囊元件布置图 2

(2) 识别实车元器件。
① 根据图 1-4 和图 1-5 所示的位置，找出对应的元器件和零件号，填写于表 1-5 中。
② 将标签贴于元器件表面，并标注中、英文名称。

表 1-5

元件名称	英文名	零件号
A10 左前碰撞传感器		90980-11856
	FR crash sensor	
Y3 驾驶侧(主)安全气囊		
	Front Passenger Airbag	90980-12576
L15 左侧面气囊		
	Side airbag RH	
L12 左前侧面碰撞传感器		90980-12699
	Front side airbag sensor RH	
L14 左侧头顶帘式气囊		
	Curtain shield airbag RH	90980-12575
E7 螺旋电缆		
	Seat belt Pretensioner LH	
M2 右前侧安全带预紧器		90980-12452
	Supplemental Restraint system ECU	
E11 DLC		
	SRS indicator	
乘员位置感应器		

(3) 完成安全气囊电控结构组成图，并完成表 1-6。

① 根据实车气囊元件布置，对图 1-6 的部件信号输入、输出进行连线，并标注箭头。

② 说明图 1-6 中各电控部件的名称。

表 1-6

传感器	ECU	执行器

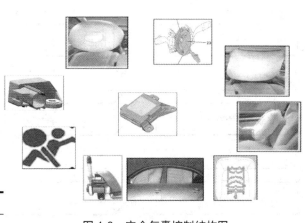

图 1-6　安全气囊控制结构图

(4) 选择元器件对应的位置和作用，并标注对应的数字代码。

安装位置	元件名称	作用
仪表台右侧、手套箱上方	前碰撞传感器 ①	保护驾驶员胸部及头部，减少伤害
仪表板显示屏	气囊ECU ②	指示安全气囊系统工作状态
前直梁、龙门架附近	驾驶侧安全气囊 ③	保护前乘客胸部及头部，减少伤害
方向盘上方，与衬垫一体	乘客侧安全气囊 ④	判断碰撞强度，引爆气囊
车辆A-C柱顶部	安全气囊指示灯 ⑤	保护乘客的侧面腰部，减少伤害
方向盘下方、灯开关上方	前安全带预紧器 ⑥	连接驾驶侧气囊点火器线路
中央扶手箱下方	侧面安全气囊 ⑦	提前收紧安全带
B柱底部或座椅横梁上	头顶帘式安全气囊 ⑧	检测车辆前部碰撞强度
座椅侧面或车门板内部	螺旋电缆 ⑨	保护乘客的头部、侧面，减少伤害

图 1-7

三、工作效果评价

组员进行自我评价、相互评价，并完成表 1-7 的相应内容。

表 1-7 　工作评价表

项　目	评价内容	评价等级		
		☻	☺	☹
自我评价	学到的知识点：			
	学到的技能点：			
	不理解的有：			
	还需要深化学习并提升的有：			
组内评价	○按时到场　　○工装齐备　　　　○书、本、笔齐全 ○安全操作　　○责任心强　　　　○7S 管理规范 ○学习积极主动　○合理使用教学资源　○主动帮助他人 ○接受工作分配　○有效沟通　　　　○高效完成工作任务			
组间评价	项目	本组	他组	
	计划合理性			
	计划执行性			
	工作完成度			
	小组的亮点			
	小组的不足			
	其他			
小组评语及建议	他(她)做到了： 他(她)的不足： 给他(她)的建议：	组长签名： 年　月　日		
老师评语及建议		评价等级： 教师签名： 年　月　日		

学习活动 1.2　安全气囊故障指示灯点亮故障的维修方案制订

班级_____姓名_____学号_____工号_____日期_____测评等级_____

一、工作与学习目标

(1) 能够识读卡罗拉安全气囊电路图。
(2) 能够识别电路图符号并指出其名称。
(3) 能够绘制实车安全气囊电路图，并制订维修方案。
(4) 能够相互展示成果并评价。
(5) 能够执行过程性检验及 7S 工作理念。

二、工作过程及学习记录

1. 制订工作计划

(1) 根据学习活动内容制订合理的工作计划，并完成表 1-8。
(2) 各组选派一名质检员交叉进行过程检验。

表 1-8　工作计划表

序号	项目	人员	时间段
1	识读卡罗拉安全气囊电路图		
2			
3			
4			
5			
6			
7			
8			
9			
10			

2. 分析卡罗拉安全气囊线路图

(1) 安全气囊电路图在卡罗拉维修电路图册的页码是第____页至____页。
(2) 参考图 1-8，指出电路图中各符号或代码的含义，完成表 1-9。

表 1-9

A		D		G	车型/配置区别	J	
B		E		H		K	
C		F		I		L	

任务 1　安全气囊故障指示灯点亮故障的检修

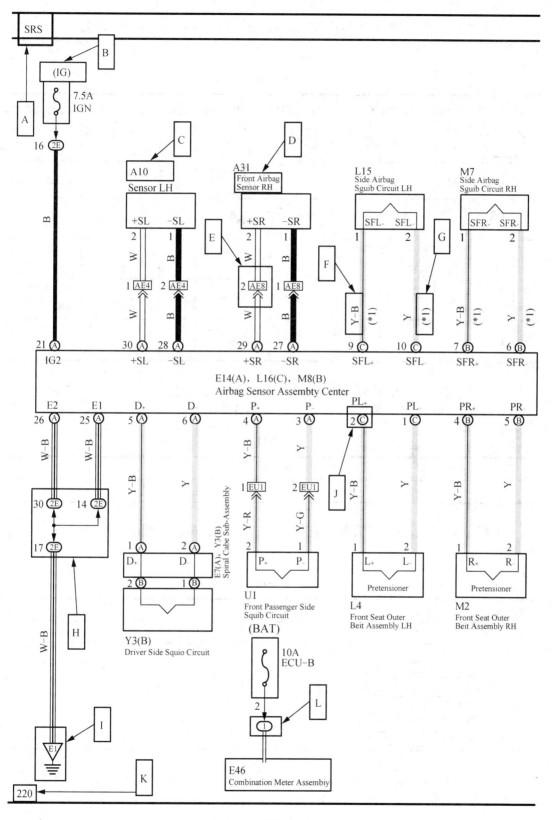

图 1-8　安全气囊电路图

(3) 在电路图册中，找出下列元器件或连接器，标注其页码，并描述所处位置，完成表 1-10。

表 1-10

元件/连接器	页码	元件名称	元件位置	元件/连接器	页码	元件名称	元件位置
1	22	1 号继电器盒	发动机舱左侧	2E			2 号接线盒 E 插头
A10	52			AE4			仪表板左侧
L15			驾驶座椅左侧	M7	62		
L4		驾驶侧椅安全带预紧器		E1		接地点	
E7	54			Y3			方向盘衬垫内部
E14			仪表板中下方	E46	55		

(4) 在图 1-8 中，"D" 所指元器件的名称是 _____。

(5) 指出电路图中相应的元件代码，完成表 1-11。

表 1-11

传感器	执行器	ECU

(6) 指出下列连接器或插头在维修手册电路图中的页码，并画出其端子分布图，完成表 1-12。

表 1-12

连接器	A21	AE4	2E	E14
页码	344	358	28	348
端子分布图	A21 Yellow（端子1、2）			

(7) 分析安全气囊故障指示灯控制电路，如图 1-9 所示，指出下列元器件的名称、位置、作用和在电路图的页码，完成表 1-13。

任务 1　安全气囊故障指示灯点亮故障的检修

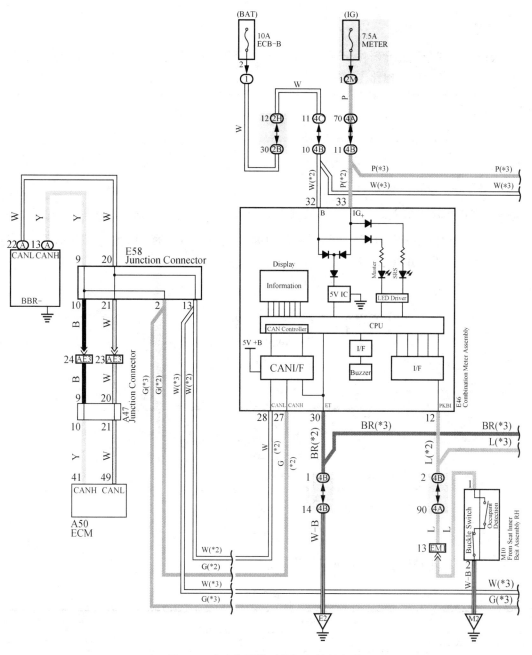

图 1-9　安全气囊故障指示灯控制电路

表 1-13

元器件代码	A50	E46	M10	E58
元器件名称				
元器件位置				
元器件在图册中的页码				
在 SRS 系统中的作用				

3. 绘制实车电路图

根据实车安全气囊元器件配置，绘制实车安全气囊控制电路图(标注元件名称、代码、导线颜色，端子代码，电路走向等)，展示并评价。

4. 制订维修方案

(1) 根据电路图，分析可能导致故障的原因(传感器、执行器、ECU)，按先后顺序填写图 1-10 所示鱼骨图并展示。

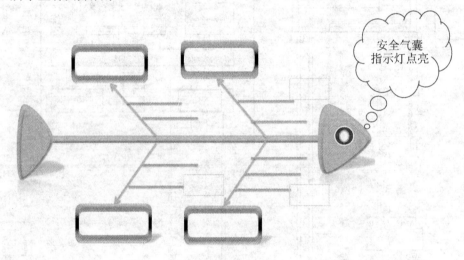

图 1-10

(2) 简要列出检查步骤，并展示评价，完成表 1-14。

表 1-14

序号	检查项目	使用工具
1	读取故障代码	诊断仪
2		
3		
4		
5		
6		
7		
8		
9		
10		

三、工作效果评价

组员进行自我评价、相互评价，并完成表 1-15 的相应内容。

表 1-15　工作评价表

项目	评价内容			评价等级		
				😎	🙂	☹️
自我评价	学到的知识点：					
	学到的技能点：					
	不理解的有：					
	还需要深化学习并提升的有：					
组内评价	○按时到场　　○工装齐备　　　○书、本、笔齐全					
	○安全操作　　○责任心强　　　○7S 管理规范					
	○学习积极主动　○合理使用教学资源　○主动帮助他人					
	○接受工作分配　○有效沟通　　○高效完成工作任务					
组间评价	项目	本组	他组			
	计划合理性					
	计划执行性					
	工作完成度					
	小组的亮点					
	小组的不足					
	其他					
小组评语及建议	他(她)做到了：			组长签名： 　　年　月　日		
	他(她)的不足：					
	给他(她)的建议：					
老师评语及建议				评价等级： 教师签名： 　　年　月　日		

学习活动 1.3　安全气囊故障指示灯点亮故障的维修方案实施

班级_____姓名_____学号_____工号_____日期_____测评等级_____

一、工作与学习目标

(1) 能够根据制订的维修方案排除故障。
(2) 能够按照规范对安全气囊控制线路进行检测并修复。
(3) 能够检测电子元器件并判断工作性能。
(4) 能够相互展示成果并评价。
(5) 能够执行过程性检验及 7S 工作理念。

二、工作过程及学习记录

1. 制订工作计划

(1) 根据学习活动内容制订合理的工作计划，并完成表 1-16。
(2) 各组选派一名质检员交叉进行过程检验。

表 1-16　工作计划表

序号	项目	人员	时间段
1	诊断仪检测		
2			
3			
4			
5			
6			
7			
8			
9			
10			

图 1-11

2. 诊断仪初步诊断

参考图 1-11，完成表 1-17。

表 1-17

诊断仪的品牌/型号	
进入 SRS 系统的操作路径	
是否正常进入系统	□是　□否
故障代码及内容（如果有）	

3. 检查 ECU 电源、接地

如图 1-12 所示，检查 ECU 电源、接地，完成表 1-18。

注意：在检查时需断开 SRS ECU 插头。

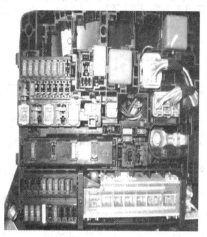

图 1-12 ECU 电源、接地

表 1-18

序 号	检测项目	检测端子	操作事项	检测结果	初步判断
1	IG 电压供应	ECU 的 E14/21-地	KEY ON	0V	不正常
2	E1 接地电阻				
3	E2 接地电阻				

故障部位：

排除方法：

4. 诊断仪再次诊断

故障代码及内容：

5. 检查碰撞传感器

检查左前碰撞传感器线路，完成表 1-19。

表 1-19

序号	检测项目	检测端子	操作事项	检测结果	初步判断
1	左前碰撞传感器 A10 短路	A10/2-A10/1	断开传感器和 ECU 插头，短接 ECU E14/30 和 E14/28 端子		
2	左前碰撞传感器 A10 短路	A10/2-A10/1	断开传感器和 ECU 插头		
3	左前碰撞传感器 A10 对 B+短路	A10/2-搭铁 / A10/1-搭铁	断开传感器和 ECU 插头		

续表

序号	检测项目	检测端子	操作事项	检测结果	初步判断
4	左前碰撞传感器 A10 对接地短路	A10/2-搭铁 A10/1-搭铁			

读取故障代码(互换左右碰撞传感器之后)，故障代码及内容：_____

_____

故障部位：_____

排除方法：_____

6. 检查螺旋电缆(时钟弹簧)

查阅卡罗拉维修手册 RS187～RS194 页，获取螺旋电缆拆装、检查的相关信息。

1) 拆卸螺旋电缆

(1) 拆卸方向盘、方向柱上下转向柱罩、仪表台下饰板，取下螺旋电缆。

(2) 在图 1-13 所示的方框中填写对应元器件的名称。

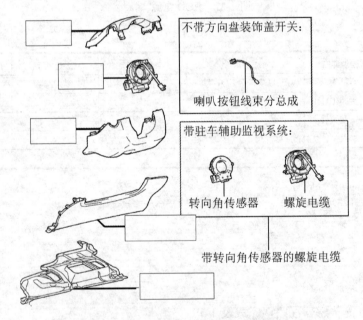

图 1-13 转向柱罩盖分解图

2) 检查螺旋电缆

(1) 按图 1-14 所示的端子进行检测，为避免螺旋电缆损坏，在转动螺旋电缆时不要超过必要的圈数。

(2) 如果数值不在规定的范围内，则更换螺旋电缆。

3) 安装螺旋电缆

(1) 按照与拆卸相反的顺序安装螺旋电缆。

(2) 应_____(顺时针/逆时针)旋转____圈，对准图 1-15 所示的定位标记。

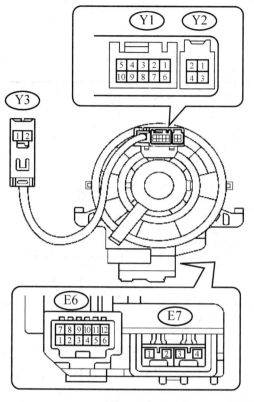

图 1-14 螺旋电缆端子分布图

表 1-20

检测端子	中央	向左转 2.5 圈	向右转 2.5 圈
Y1/1-E6/8			
Y1/10-E6/6			
Y3/1-E7/2			

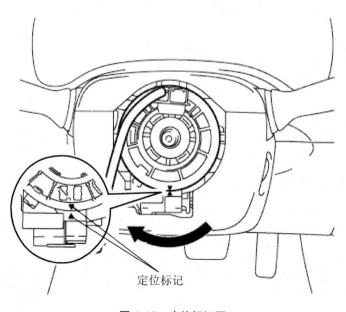

定位标记

图 1-15 定位标记图

三、工作效果评价

组员进行自我评价、相互评价，并完成表 1-21 的相应内容。

表 1-21　工作评价表

项　目	评价内容	评价等级		
自我评价	学到的知识点：			
	学到的技能点：			
	不理解的有：			
	还需要深化学习并提升的有：			
组内评价	○按时到场　　○工装齐备　　○书、本、笔齐全			
	○安全操作　　○责任心强　　○7S 管理规范			
	○学习积极主动　○合理使用教学资源　○主动帮助他人			
	○接受工作分配　○有效沟通　○高效完成工作任务			
组间评价	项目	本组	他组	
	计划合理性			
	计划执行性			
	工作完成度			
	小组的亮点			
	小组的不足			
	其　他			
小组评语及建议	他(她)做到了： 他(她)的不足： 给他(她)的建议：	组长签名： 年　月　日		
老师评语及建议		评价等级： 教师签名： 年　月　日		

学习活动 1.4　安全气囊故障指示灯点亮故障的维修完工检验

班级_____姓名_____学号_____工号_____日期_____测评等级_____

一、工作与学习目标

(1) 能够按照企业标准对车辆进行检验。
(2) 能够总结工作思路。
(3) 能够确认故障排除并对安全气囊的使用提出合理化建议。
(4) 能够相互展示成果并评价。
(5) 能够执行过程性检验及 7S 工作理念。

二、工作过程及学习记录

1. 制订工作计划

(1) 根据学习活动内容制订合理的工作计划,并完成表 1-22。
(2) 各组选派一名质检员交叉进行过程检验。

表 1-22　工作计划表

序　号	项　　目	人　员	时间段
1	检查安全气囊指示灯		
2			
3			
4			
5			
6			
7			
8			
9			
10			

2. 竣工检验

检查安全气囊故障指示灯工作性能,并完成竣工检验表 1-23。

表 1-23

序　号	检验项目	检验结果			备　注
1	SRS 故障指示灯亮 4～6s 后熄灭	😎	🙂	☹	
2	保险丝及保险丝盒复位完整				
3	所有装饰件完好				

续表

序 号	检验项目	检验结果	备 注
4	连接器连接可靠		
5	未有工具设备遗漏		

3. 总结排故思路

(1) 根据气囊指示灯亮的故障检修排除流程,以诊断树的形式,总结排故思路。
(2) 相互展示成果并评价。

4. 提出合理化建议

(1) 检索相关资源,对车辆安全气囊的使用提出合理化建议。
(2) 相互展示成果并评价。

三、工作效果评价

组员进行自我评价、相互评价，并完成表 1-24 的相应内容。

表 1-24　工作评价表

项目	评价内容			评价等级		
				😎	😊	☹
自我评价	学到的知识点：					
	学到的技能点：					
	不理解的有：					
	还需要深化学习并提升的有：					
组内评价	○按时到场　　○工装齐备　　○书、本、笔齐全					
	○安全操作　　○责任心强　　○7S 管理规范					
	○学习积极主动　○合理使用教学资源　○主动帮助他人					
	○接受工作分配　○有效沟通　　○高效完成工作任务					
组间评价	项目	本组	他组			
	计划合理性					
	计划执行性					
	工作完成度					
	小组的亮点					
	小组的不足					
	其他					
小组评语及建议	他(她)做到了： 他(她)的不足： 给他(她)的建议：			组长签名： 　　年　月　日		
老师评语及建议				评价等级： 教师签名： 　　年　月　日		

附件 1

维修工作单 深圳市　　汽车销售服务有限公司
REPAIR ORDER
地址：
电话：　　　　　　　　　　　　传真：

NO：　　　　SA：　　　　接车时间：　　　　预交车时间：

客户名称		车牌号码		车辆型号		
客户电话		VIN码				
联系地址		发动机号		车辆颜色		
联 系 人		购车日期		行驶里程		
工作内容　检修气囊故障指示灯点亮						
序号	维修项目		项目类别	维修班组	维修技师	完工确认
1	测试气囊系统控制功能		一般维修			
2						
3						
4						
5						
6						
7						
8						
9						
10						
备注：						
质量检验报告：　　　　　　　　　　　　　　　　　　　　　质检员：						
车间主任签名			服务顾问签名			

注：此单一式三联，服务顾问(SA)、车间主任、车间班组各执一联。

任务 2

电动车窗不工作故障的检修

学习活动 2.1　电动车窗不工作故障的初步检查与确认

一、工作与学习目标

(1) 能够查阅维修手册及相关资源，列举电动车窗检修的注意事项。
(2) 能够测试电动车窗控制功能，并确定故障现象。
(3) 能够对电动车窗控制系统进行初步诊断，并分析结果。
(4) 能够实车查找电动车窗元器件，标贴中英文名称，并描述其安装位置和作用。
(5) 能够绘制电动车窗控制结构示意图，并相互展示、评价。
(6) 能够执行工作的过程性检验及 7S 工作理念。

二、工作过程及学习记录

1. 制订工作计划

(1) 根据学习活动内容制订合理的工作计划，完成表 2-1。
(2) 各组选派一名质检员交叉进行过程检验。

表 2-1

序号	项　　目	人　员	时间段
1	测试电动车窗工作性能		
2			
3			
4			
5			
6			
7			
8			

续表

序号	项目	人员	时间段
9			
10			

2. 列举操作事项

参考图 2-1,列举电动车窗检查和维修的注意事项。

图 2-1 电动车窗升降位置图

3. 填写车辆基本信息

完成表 2-2。

表 2-2

基本信息	车身底盘号		车型	
	发动机型号		公里数	
故障现象				

4. 测试电动车窗功能

(1) 参考卡罗拉用户手册,识别图 2-2 中电动车窗开关各按键功能,并完成表 2-3。

表 2-3

字母代码	按键名称	按键作用
A		
B		
C		

续表

字母代码	按键名称	按键作用
D		
E		
F		

图 2-2 电动车窗主开关

(2) 参考卡罗拉用户手册,测试电动车窗工作状况。

① 按照图 2-3 中驾驶侧车窗测试的相关操作,完成驾驶侧升降测试表 2-4。

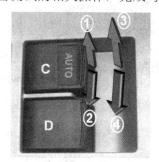

图 2-3 驾驶侧车窗开关的操作

表 2-4

开关操作		车窗动作	测试结果
驾驶侧开关	① 位置		
	② 位置	逐步降到底	
	③ 位置	单触升到顶	
	④ 位置		

② 查阅卡罗拉维修手册 WS1~10 页,参考图 2-4,用一橡胶锤置于玻璃框顶部,观察车窗玻璃上升并接触到橡胶锤时的动作,完成车窗防夹测试表 2-5。

表 2-5

开关操作		车窗动作	测试结果
驾驶侧开关	单触升到顶	下降_____mm	
	逐步升到顶	下降_____mm	

图 2-4　驾驶侧车窗防夹检查

③ 参考图 2-5 中开关 F 的工作状态，完成副电动车窗升降测试表 2-6。

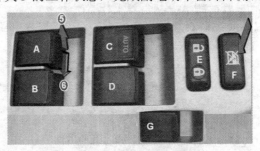

图 2-5　副电动车窗升降测试

表 2-6　副电动车窗升降测试表

开关操作		开关 F	车窗动作	测试结果
前乘客侧开关 D	⑤ 位置	锁止		
	⑥ 位置	未锁止		
左后车窗开关 A	⑤ 位置	锁止		
	⑥ 位置	未锁止		
右后车窗开关 B	⑤ 位置	锁止		
	⑥ 位置	未锁止		
副车窗开关 G	⑤ 位置	锁止		
	⑥ 位置	未锁止		

(3) 确认故障现象为：_____。

5. 诊断仪初步诊断

查阅卡罗拉维修手册 WS12～20 页，获取故障诊断的相关信息。

(1) 读取故障代码并清除。

以丰田原厂诊断仪为例，使用 TOYOTA Intelligent Tester Ⅱ 诊断仪读取故障代码并清除，路径：开机→自动→选择车辆→TMMT 08/11-→W/O Smart Key→Body→D Door Motor→点击 DTC 按钮，如图 2-6 所示，读取故障代码并清除，完成故障代码表 2-7。

任务 2　电动车窗不工作故障的检修

图 2-6　诊断界面

表 2-7　故障代码表

故障代码及内容	清除前	
	清除后	

(2) 执行主动测试功能。

在选择 Body→D Door Motor→主动测试功能后，按◀或▶钮，如图 2-7 所示，测试电动车窗动作，完成主动测试表 2-8。

图 2-7　主动测试

表 2-8　主动测试表

按键操作	诊断仪显示	电动车窗动作
◀		
▶		

6. 识别电动窗控制元器件

(1) 查阅卡罗拉维修手册 WS1～4 页，获取电动车窗控制的基本信息。

(2) 在实车中查找并识别图 2-8 的元器件，指出各元器件的名称和作用，并完成表 2-9。

(3) 标贴中英文于对应元器件。

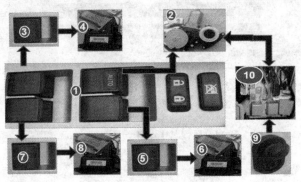

图 2-8 电动车窗控制元件图

表 2-9 电动车窗元器件表

数字代码	元件中文名	元件英文名	安装位置	作用
①	主电动车窗开关			
②		Driver's side power window motor		
③	左后电动车窗开关			
④			左后玻璃升降器上	
⑤		Passenger side power window motor		
⑥	乘客侧车窗电机			
⑦		Rear right power window switch		
⑧				控制右后车窗玻璃升降
⑨	车门灯开关		B、C柱下方	
⑩	主车身 ECU			与电动车窗 ECU 进行通信，交换信息

7. 绘制结构图

(1) 绘制实车电动车窗控制元件结构图于方框中，要求标出元件名称、代码、信号的输入输出。

(2) 展示所绘制的结构图并评价。

三、工作效果评价

组员进行自我评价、相互评价,并完成表 2-10 的相应内容。

表 2-10 工作评价表

项 目	评价内容	评价等级		
		☻	☺	☹
自我评价	学到的知识点:			
	学到的技能点:			
	不理解的有:			
	还需要深化学习并提升的有:			
组内评价	○按时到场　　　○工装齐备　　　○书、本、笔齐全 ○安全操作　　　○责任心强　　　○7S 管理规范 ○学习积极主动　○合理使用教学资源　○主动帮助他人 ○接受工作分配　○有效沟通　　　○高效完成工作任务			
组间评价	项目	本组	他组	
	计划合理性			
	计划执行性			
	工作完成度			
组间评价	小组的亮点			
	小组的不足			
	其 他			
小组评语及建议	他(她)做到了: 他(她)的不足: 给他(她)的建议:	组长签名: 　　年　月　日		
老师评语及建议		评价等级: 教师签名: 　　年　月　日		

学习活动 2.2　电动车窗不工作故障的维修方案制订

班级_____姓名_____学号_____工号_____日期_____测评等级_____

一、工作与学习目标

(1) 能够识读卡罗拉电动车窗电路图。
(2) 能够绘制实车连接器端子外形图及电路图。
(3) 能够制订维修方案并简要列举检修步骤。
(4) 能够执行工作的过程性检验及 7S 工作理念。
(5) 能相互展示学习成果并进行评价。

二、工作过程及学习记录

1. 制订工作计划

(1) 根据学习活动内容制订合理的工作计划，完成表 2-11。
(2) 各组选派一名质检员交叉进行过程检验。

表 2-11

序号	项目	人员	时间段
1	识读卡罗拉电动车窗电路图		
2			
3			
4			
5			
6			
7			
8			
9			
10			

2. 识读电路图

(1) 电动车窗电路图所在页码是_____。

(2) 参考电动车窗电路图元器件说明表，识别实车连接器和端子，并绘制端子外形图(阴端子侧)，标注元件名称、代码、端子数和端子序号，完成表 2-12。

表 2-12 连接器端子名称与外形图

连接器代码	元件名称	连接器位置所在页码	连接器外形图所在页码	连接器颜色	端子数	外形图
E61	主车身 ECU	56	351	黑色	26	
I3	电动窗主开关					
I6	驾驶侧升降电机	58				
K1	左后电动窗开关		353			
J2	右后电动窗电机				6	
1E1	前车门连接器	65				
KL1	后车门连接器		363			

(3) 识读电动车窗电路图, 识别电动车窗各元件的端子和导线颜色, 并完成表 2-13。

表 2-13 导线颜色对应表

端子代码	E61/4	I3/1	I3/4	I3/6	I6/2	I6/7	I6/10	H7/5	K1/3	J1/1	J2/1
端子功能	LIN		AUTO		B		UP		B		
导线颜色		W-B		L		W		G		G	

3. 绘制电路图

(1) 绘制实车电动车窗控制电路图, 标注元器件名称、代码、端子、内部结构、导线颜色及左后电动车窗电机的电路走向。

(2) 互展示学习成果并评价。

4. 制订维修方案

(1) 根据实车绘制电路图，查阅维修手册及相关资料，分析电动车窗不工作的可能原因。

(2) 按照故障原因的先后顺序完成图 2-9 所示鱼骨图(电源、线路、元器件)，并展示、评价。

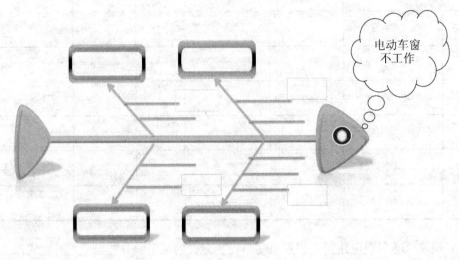

图 2-9

(3) 按照故障排除思路，由简至繁简要写出检查步骤，完成表 2-14。

表 2-14

序号	检查项目	使用工具
1	检查主电动车窗电源电压	万用表
2		
3		

三、工作效果评价

组员进行自我评价、相互评价，并完成表 2-15 的相应内容。

表 2-15 工作评价表

项 目	评价内容	评价等级		
		☻	☺	☹
自我评价	学到的知识点：			
	学到的技能点：			
	不理解的有：			
	还需要深化学习并提升的有：			
组内评价	○按时到场　　○工装齐备　　○书、本、笔齐全 ○安全操作　　○责任心强　　○7S 管理规范 ○学习积极主动　○合理使用教学资源　○主动帮助他人 ○接受工作分配　○有效沟通　　○高效完成工作任务			
组间评价	项目 | 本组 | 他组			
	计划合理性			
	计划执行性			
	工作完成度			
	小组的亮点			
	小组的不足			
	其他			
小组评语及建议	他(她)做到了： 他(她)的不足： 给他(她)的建议：	组长签名： 　　年　月　日		
老师评语及建议		评价等级： 教师签名： 　　年　月　日		

学习活动 2.3　电动车窗不工作故障的维修方案实施

班级_____姓名_____学号_____工号_____日期_____测评等级_____

一、工作与学习目标

(1) 能够对电动车窗控制线路进行检测并修复。
(2) 能够识别电气元件并判断性能。
(3) 能够拆装并更换玻璃升降器及电器元件。
(4) 能够执行工作的过程性检验及 7S 工作理念。
(5) 能够相互展示学习成果并评价。

二、工作与学习记录

1. 制订工作计划

(1) 根据学习活动内容制订合理的工作计划，完成表 2-16。
(2) 各组选派一名质检员交叉进行过程检验。

表 2-16

序号	项目	人员	时间段
1	检测舒适单元电源、接地线路		
2			
3			
4			
5			
6			
7			
8			

2. 检测电动车窗主开关

(1) 参考车窗主开关控制电路,如图 2-10 所示,检测车窗主开关控制线路,并完成表 2-17。

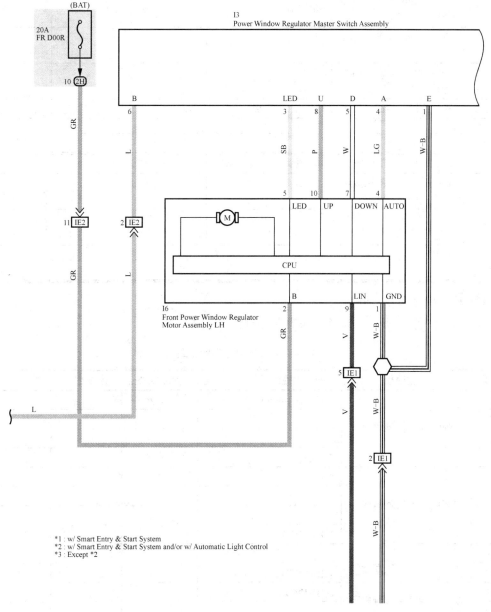

*1: w/ Smart Entry & Start System
*2: w/ Smart Entry & Start System and/or w/ Automatic Light Control
*3: Except *2

图 2-10 主电动车窗电路控制图

表 2-17 驾驶侧电动车窗线路检查表

序号	检测项目	检测端子	检测状态	检测结果	初步判断
1	主开关电压供应	I3/6-接地	KEY ON		
2	30A POWER 保险丝电压	保险丝两端分别接地			

续表

序号	检测项目	检测端子	检测状态	检测结果	初步判断
3	PWR 继电器触点电压输出	87-接地			
4	PWR 继电器触点电压输入	30-接地			
5	PWR 继电器线圈两端电压				
6	PWR 继电器线圈两端电阻				
7	主开关接地测试	I3/1-试灯-正极	常态		
故障部位 1：排除方法：					
8	驾驶侧电机电压供应	I6/2-接地			
9	20A FR DOOR 保险丝电压				
10	20A FR DOOR 保险丝电阻				
故障部位 2：排除方法：					

(2) 检测电动车窗主开关。

拆下电动车窗主开关，检测开关并判断性能，完成表 2-18。

表 2-18 车窗主开关检测表

序号	检测项目	检测端子	检测状态	检测结果	初步判断
1	驾驶侧开关接触电阻	8(U)-1(E)-4(A)	自动上升		
2					
3					
4		5(D)-1(E)	手动下降		
5	乘客侧开关接触电阻	6(B)-16(U)	上升		
6					
7			下降		
8		1(E)-16(U)			
9	左后车窗开关接触电阻		上升		
10		1(E)-13(D)			
11	左后车窗开关接触电阻	6(B)-13(D)	下降		
12					
13	右后车窗开关接触电阻	6(B)-10(U)	上升		
14					
15			下降		
16		1(E)-10(U)			
故障部位 3：排除方法：					

(3) 参考副电动车窗电机控制电路，如图 2-11 所示，检测右后电动车窗控制线路，并完成表 2-19。

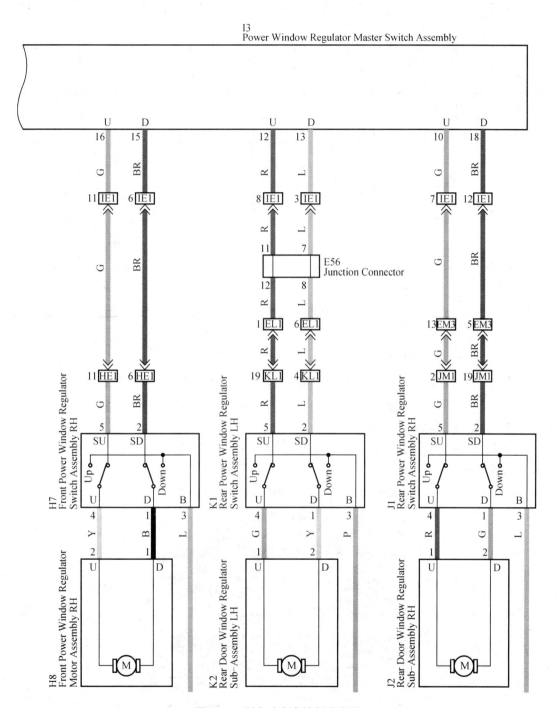

图 2-11 副电动车窗控制线路图

表 2-19　右后电动车窗线路检查表

序号	检测项目	检测端子	检测状态	检测结果	初步判断
1	右后电动窗开关电压供应	J1/3-接地			
2	20A RR DOOR 保险丝电压	保险丝两端分别接地			
3	保险丝电阻				
4	右后车窗开关电阻-OFF	J1/1-J1/2	取下开关		
5					
6	右后车窗开关电阻-UP	J1/3-J1/4	UP		
7					
8	右后车窗开关电阻-DOWN	J1/4-J1/5	DOWN		
9					

故障部位 4：_____。

排除方法：_____。

3. 检查主车窗电动机

查阅卡罗拉维修手册，检索主车窗电动机检测的相关信息，完成工作。

拆卸主电动车窗电动机。

(1) 拆卸电动车窗主开关。

查阅维修手册，对照教学车辆，与小组讨论，参考图 2-12，在表 2-20 中列举电动车窗开关的拆装步骤。

图 2-12　主开关安装位置图

表 2-20 主电动车窗开关拆卸步骤

步骤/项目	工 具	注意事项

(2) 拆卸车门板。

查阅维修手册,拆下车门板,指出图 2-13 中数字代码所指示的连接器或拉线连接的元件名称,完成表 2-21。

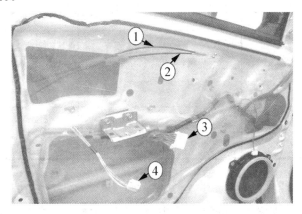

图 2-13 车门线路布置图

表 2-21 线路连接

连接器或拉线	对应的元件名称	作用
①		
②		
③		
④		

(3) 拆卸左前车门玻璃。

查阅维修手册,对照教学车辆,与小组讨论,参考图 2-14,在表 2-22 中列举车门玻璃的拆装步骤。

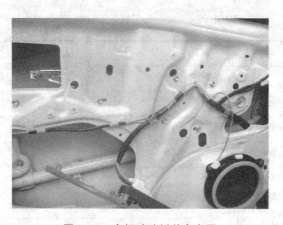

图 2-14　车门玻璃拆装参考图

表 2-22　主电动车窗开关拆卸步骤

步骤/项目	工　具	注意事项

(4) 拆卸玻璃升降器。

查阅维修手册，拆下玻璃升降器，指出与图 2-15 中数字代码所指示的元件对应的定位元件名称，完成表 2-23。

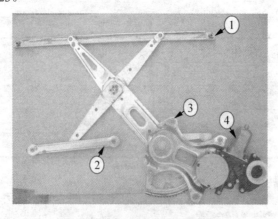

图 2-15　车门玻璃拆装参考图

表 2-23 线路连接

元 件	对应的定位元件名称	作 用
①		
②		
③		
④		

(5) 检查主车窗电机。

从玻璃升降器总成上分解出车窗电机,参考车窗电路图和检测参考图 2-16 对车窗电机施加电压进行检测,完成表 2-24。

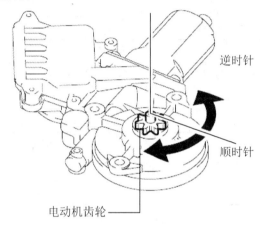

图 2-16 车窗电机检测参考图

表 2-24 主车窗电机检测

功 能		检测端子		检测结果
		蓄电池(+)极	蓄电池(-)极	
手动	升	2	1 和 7	
	降			
自动	升			
	降	2	1 和 4 和 10	

(6) 按与拆卸相反的顺序安装车窗电机、玻璃升降器等所拆件。

4. 诊断仪诊断

读取故障代码并清除,完成表 2-25。

表 2-25

| 故障代码及内容 | 清除前: |
| | 清除后: |

三、工作效果评价

组员进行自我评价、相互评价，并完成表 2-26 的相应内容。

表 2-26 工作评价表

项目	评价内容	评价等级		
		😎	🙂	☹️
自我评价	学到的知识点：			
	学到的技能点：			
	不理解的有：			
	还需要深化学习并提升的有：			
组内评价	○按时到场　　○工装齐备　　　　○书、本、笔齐全			
	○安全操作　　○责任心强　　　　○7S 管理规范			
	○学习积极主动　○合理使用教学资源　○主动帮助他人			
	○接受工作分配　○有效沟通　　　○高效完成工作任务			
组间评价	项目	本组	他组	
	计划合理性			
	计划执行性			
	工作完成度			
	小组的亮点			
	小组的不足			
	其他			
小组评语及建议	他(她)做到了： 他(她)的不足： 给他(她)的建议：	组长签名： 　年　月　日		
老师评语及建议		评价等级： 教师签名： 　年　月　日		

学习活动 2.4　电动车窗不工作故障的维修完工检验

一、工作与学习目标

(1) 能够现场测试电动车窗控制功能，并进行解释说明。
(2) 能够查阅相关资料，参考行业企业规范，进行完工检验，并提交检验报告。
(3) 能够总结工作思路，以故障诊断树的形式展示并相互评价。
(4) 能够根据所学知识，查阅相关信息，向客户提出电动窗使用的合理化建议。
(5) 能够执行工作的过程性检验和 7S 工作理念。

二、工作与学习记录

1. 制订工作计划

(1) 根据学习活动内容制订合理的工作计划，并完成表 2-27。
(2) 各组选派一名质检员交叉进行过程检验。

表 2-27　工作计划表

序号	项目	人员	时间段
1	测试主电动车窗功能		
2			
3			
4			
5			
6			
7			
8			
9			
10			

2. 完工检验

(1) 测试电动车窗控制功能，确认故障修复。
(2) 检查零部件复位、连接器紧固、工具材料遗漏，完成表 2-28。

表 2-28　完工检验表

序号	检验项目	检验结果			备注
		😎	🙂	🙁	
1	主电动车窗手动升降				
2	主电动车窗自动升降				
3	主电动车窗防夹功能				
4	副电动车窗锁止功能				

续表

序号	检验项目	检验结果			备注
		😎	🙂	☹️	
5	主开关控制副车窗				
6	副开关控制副电动车窗				
7	所有装饰件完好				
8	连接器连接可靠				
9	未有工具设备遗漏				

3. 总结排故思路

(1) 总结排故思路，利用故障诊断树形式进行描绘。

(2) 完成展示、评价后，将诊断树绘制于下面方框中。

4. 提出建议

(1) 根据所学知识，查询维修手册及相关资源，检索电动车窗操作的注意事项。

(2) 参考图 2-17 对车主使用电动车窗提出合理化建议。

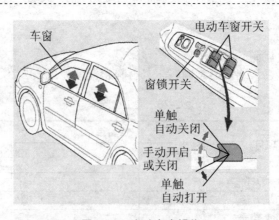

图 2-17 电动车窗操作

三、工作效果评价

组员进行自我评价、相互评价，并完成表 2-29 的相应内容。

表 2-29 工作评价表

项目	评价内容			评价等级		
				😎	🙂	☹️
自我评价	学到的知识点：					
	学到的技能点：					
	不理解的有：					
	还需要深化学习并提升的有：					
组内评价	○按时到场　　○工装齐备　　　　○书、本、笔齐全 ○安全操作　　○责任心强　　　　○7S 管理规范 ○学习积极主动　○合理使用教学资源　○主动帮助他人 ○接受工作分配　○有效沟通　　　　○高效完成工作任务					
组间评价	项目	本组	他组			
	计划合理性					
	计划执行性					
	工作完成度					
	小组的亮点					
	小组的不足					
	其 他					
小组评语及建议	他(她)做到了： 他(她)的不足： 给他(她)的建议：			组长签名： 　年　月　日		
老师评语及建议				评价等级： 教师签名： 　年　月　日		

附 件 2

维修工作单 REPAIR ORDER

深圳市　　　汽车销售服务有限公司

地址：

电话：　　　　　　　　　　　传真：

NO：　　　SA：　　　　接车时间：　　　　预交车时间：

客户名称		车牌号码		车辆型号	
客户电话		VIN码			
联系地址		发动机号		车辆颜色	
联 系 人		购车日期		行驶里程	
工作内容　检修气囊故障指示灯点亮					
序号	维 修 项 目	项目类别	维修班组	维修技师	完工确认
1	测试气囊系统控制功能	一般维修			
2					
3					
4					
5					
6					
7					
8					
9					
10					
备注：					
质量检验报告：　　　　　　　　　　　　　　　　　　　　　　　　质检员：					
车间主任签名			服务顾问签名		

注：此单一式三联，服务顾问(SA)、车间主任、车间班组各执一联。

任务 3

中控锁不工作故障的检修

学习活动 3.1　中控锁不工作故障的初步检查与确认

一、工作与学习目标

(1) 能够测试中控锁功能并确认故障现象。
(2) 能够进行初步诊断，并建立思路。
(3) 能够识别中控锁控制部件并描述名称、作用和安装位置。
(4) 能够绘制结构图并相互展示、评价。
(5) 能够执行过程性检验和 7S 工作理念。

二、工作与学习记录

1. 制订工作计划

(1) 根据学习活动内容制订合理的工作计划，完成表 3-1。
(2) 各组选派一名质检员交叉进行过程检验。

表 3-1

序号	项目	人员	时间段
1	中控锁性能测试		
2			
3			
4			
5			
6			
7			
8			

2. 填写车辆信息

完成表 3-2。

表 3-2

基本信息	车身底盘号		车　型	
	发动机型号		公里数	

3. 列举操作注意事项

参考图 3-1，列举中控锁和无线遥控操作的注意事项。

图 3-1

4. 故障确认

(1) 参考图 3-2，标出测试中控锁的正确顺序，标注序号 A/B/C/D…于对应方框中。

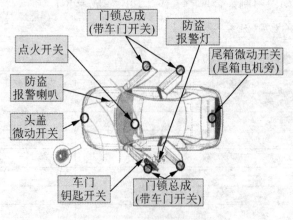

图 3-2　中控锁操作参考图

表 3-3

操作遥控器/钥匙锁门	关闭尾箱盖	关闭所有车门	取下点火钥匙	关闭车头盖

(2) 使用遥控器操作或用钥匙操控中央门锁(驾驶侧)，在对应的方框内划"√"或"×"，并确认故障现象，完成表 3-4。

表 3-4

测试项目		驾驶侧车门锁	乘客侧车门锁	左后车门锁	右后车门锁
钥匙或遥控操作中央门锁	锁门	□锁门 □室内灯熄灭 □车窗关闭 □安全锁 □防盗指示灯闪烁	□锁门 □室内灯熄灭 □车窗关闭 □安全锁 □防盗指示灯闪烁	□锁门 □室内灯熄灭 □车窗关闭 □安全锁 □防盗指示灯闪烁	□锁门 □室内灯熄灭 □车窗关闭 □安全锁 □防盗指示灯闪烁
	解锁	□解锁 □室内灯点亮 □车窗打开 □防盗指示灯熄灭	□解锁 □室内灯点亮 □车窗打开 □防盗指示灯熄灭	□解锁 □室内灯点亮 □车窗打开 □防盗指示灯熄灭	□解锁 □室内灯点亮 □车窗打开 □防盗指示灯熄灭
中控开关操控中央门锁	锁门	□锁门 □拉两次内拉手打开	□锁门 □拉两次内拉手打开	□锁门 □拉两次内拉手打开	□锁门 □拉两次内拉手打开
	解锁	□解锁 □拉两次内拉手打开	□解锁 □拉两次内拉手打开	□解锁 □拉两次内拉手打开	□解锁 □拉两次内拉手打开

故障现象：_____。

5. 初步诊断

(1) 参考图 3-3，读取实车控制单元信息，完成表 3-5。

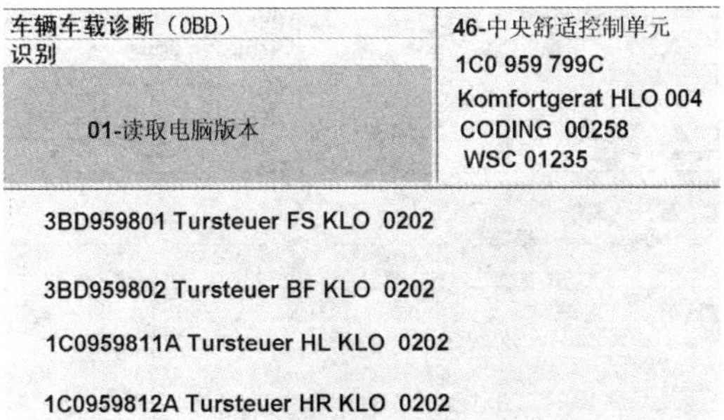

车辆车载诊断（OBD）
识别
01-读取电脑版本

46-中央舒适控制单元
1C0 959 799C
Komfortgerat HLO 004
CODING 00258
WSC 01235

3BD959801 Tursteuer FS KLO 0202

3BD959802 Tursteuer BF KLO 0202

1C0959811A Tursteuer HL KLO 0202

1C0959812A Tursteuer HR KLO 0202

图 3-3 读取控制单元信息

表 3-5

地址码及内容	
零件号	
车型	
生产商	

续表

软件版本	
ECU 编码	
经销商编号	

问题：大众"TEIS"维修手册查询路径：PASSAT→车身→_____→修理组_____可获得相关信息。

(2) 参考图 3-4，查询故障代码并清除，完成表 3-6。

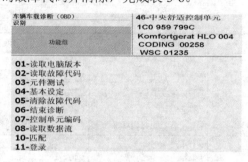

图 3-4 控制单元功能组

表 3-6

查询故障	功能组	
	代码	
	内容	
清除代码	功能组	
	清除后代码及内容	

6. 执行元件测试

参考图 3-5，对舒适系统原器件进行动作测试，并完成表 3-7。

图 3-5 执行器测试

表 3-7

序号	测试项目	测试结果	结果判断
1	报警喇叭	响 3 声	正常
2			
3			
4			
5			

续表

序号	测试项目	测试结果	结果判断
6			
7			

7. 识别中控系统控制元器件

(1) 对照中控系统结构实物图(图 3-6),选择正确的元件名称,填写于对应方框内,完成表 3-8。

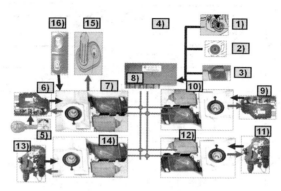

图 3-6 中控系统结构实物图

表 3-8

1	2	3	4	5	6	7	8	9	10	11	12	13	14	15	16

A. 左前车门锁单元 F220　　B. 左后车门锁单元 F222　　C. 左前车门钥匙开关
D. 左前车门控制单元 J386　E. 左后车门控制单元 J388　F. 舒适控制单元 J393
G. 遥控钥匙　　　　　　　H. 右前车门控制单元 J387　I. 右后车门控制单元 J389
J. 右前车门锁单元 F221　　K. 右后车门锁单元 F223　　L. 车头盖开关 F120
M. 点火开关 D　　　　　　N. 尾箱盖开关 F218　　　　O. 防盗指示灯 K133　　P. 中控开关 E150

(2) 指出下列元件的中英文名,标贴于对应元器件上,完成表 3-9。

表 3-9

元件代码	元件中文	元件英文	元件代码	元件中文	元件英文
	点火开关		J387		
F218		Tailgate switch		乘客侧车门锁	
	车头盖开关				Rear left door CU
		Remote control	F222		
J393				右后车门控制单元	
	驾驶侧车门控制单元				Rear right door lock assembly
		Driver-side door lock assembly	K133		

(3) 指出各元件对应的安装位置和作用，并将对应的代码填写于相应选项上。

安装位置	元件名称	在遥控系统的作用
左前车门板左上方	A. 点火开关	提供控制单元S触点电源
防盗钥匙上	B. 尾箱盖开关	接收遥控信号，并与车门单元通信
尾箱锁总成上	C. 车头盖开关	显示防盗状态
点火锁总成上	D. 钥匙遥控器	提供车头盖开启/关闭信号
头盖锁总成上	E. 舒适控制单元	提供尾箱盖开启/关闭信号
前车门门板内	F. 前车门控制单元	检测钥匙开关、车门开关信号，执行门锁动作
驾驶侧地毯下	G. 后车门控制单元	检测车门开关信号，执行门锁动作
后车门门板内	H. 前车门门锁单元	接收钥匙开关、车门开关信号，控制门锁、车窗动作，并与J393通信
驾驶侧车门板上	I. 后车门门锁单元	接收车门开关信号，控制门锁、车窗动作，并与J393通信
	J. 防盗指示灯	发射开锁、解锁信号
	K. 车内中控开关	在车内控制车门开、锁门，车辆不进入防盗

图 3-7

(4) 绘制中控锁控制结构示意图，标注信号输入、输出箭头，并相互展示、评价。

三、工作效果评价

组员进行自我评价、相互评价，并完成表 3-10 的相应内容。

表 3-10　工作评价表

项　目	评价内容	评价等级		
		😎	🙂	☹
自我评价	学到的知识点：			
	学到的技能点：			
	不理解的有：			
	还需要深化学习并提升的有：			
组内评价	○按时到场　　　○工装齐备　　　○书、本、笔齐全 ○安全操作　　　○责任心强　　　○7S 管理规范 ○学习积极主动　○合理使用教学资源○主动帮助他人 ○接受工作分配　○有效沟通　　　○高效完成工作任务			
组间评价	项目	本组	他组	
	计划合理性			
	计划执行性			
	工作完成度			
组间评价	小组的亮点			
	小组的不足			
	其他			
小组评语及建议	他(她)做到了： 他(她)的不足： 给他(她)的建议：	组长签名： 　　年　月　日		
老师评语及建议		评价等级： 教师签名： 　　年　月　日		

学习活动 3.2 中控锁不工作故障的维修方案制订

一、工作与学习目标

(1) 能够识读帕萨特中控锁控制电路图。
(2) 能够识别实车端子和导线颜色
(3) 能够绘制实车中控锁电路图。
(4) 能够根据维修手册制订中控锁不工作的维修方案。
(5) 能够展示学习成果并评价。
(6) 能够执行过程性检验和 7S 工作理念。

二、工作过程及学习记录

1. 制订工作计划

(1) 根据学习活动内容制订合理的工作计划,完成表 3-11。
(2) 各组选派一名质检员交叉进行过程检验。

表 3-11

序号	项目	人员	时间段
1	识读帕萨特中控锁电路图		
2			
3			
4			
5			
6			
7			
8			
9			
10			

2. 识读电路图

识读帕萨特控制中控门锁电路图，参考图 3-8 和图 3-9。

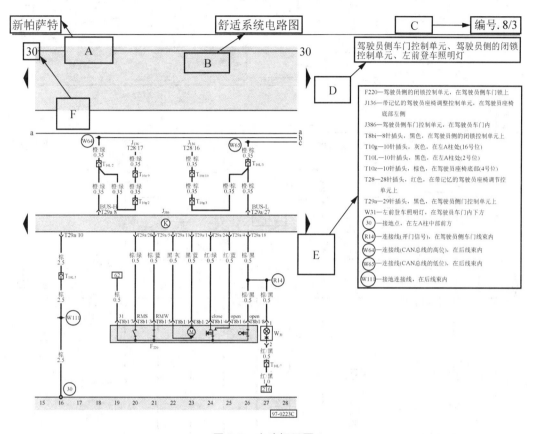

图 3-8 电路标示图 1

(1) 指出图 3-8 中各标示的含义，填写在表 3-12 中。

表 3-12

元件字母代码	含义/名称	元件字母代码	含义/名称
A	车型	H	
B		I	
C		J	
D		K	
E		L	
F		M	
G		N	

(2) 指出图 3-9 中电源、接地信号的含义，并填写在表 3-13 中。

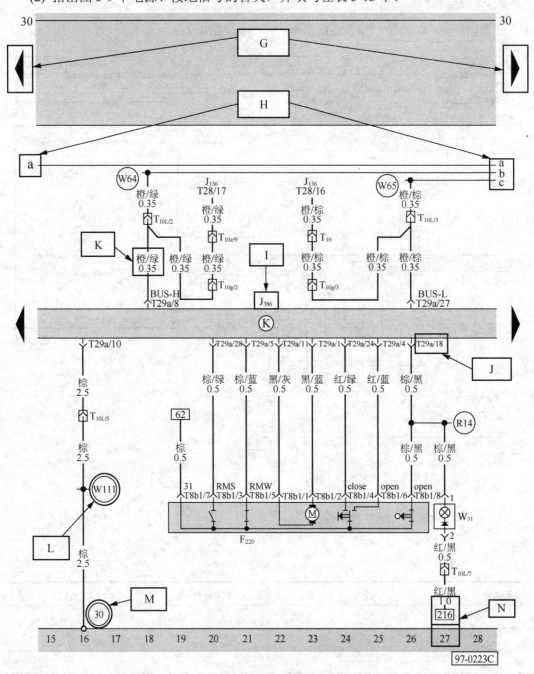

图 3-9 电路标示图 2

表 3-13

端子代码	30	30a		15		P		31
端子功能			卸荷电源		起动电源		S 触点	

(3) 查找电路图,找出实车中对应的连接器,绘制连接器外形图(母端子侧),要求标注元件名称、代码及端子排列,完成表3-14,展示并评价。

表3-14 连接器外形图表

连接器代码	J393 T23	J386 T29a	连接器 T10L	F220 T8bi
连接器颜色				
端子数				
外形图				

3. 绘制电路图

(1) 根据电路图册,识别实车舒适单元和车门控制单元对应线路的导线颜色,并完成表3-15。

表3-15 控制单元对应线路的导线颜色对照表

元件		电源 30 1	电源 30 2	电源 30 3	电源 86S	接地 1	接地 2	CAN H	CAN L
J393	端子	T15/13							
	导线颜色	R/B							
J386	端子					T29a/10			
	导线颜色					Br			
J387	端子		T29b/20				T29b/28		
	导线颜色		R/W						
J388	端子							18b/11	T18a/12
	导线颜色							O/G	O/Br
J389	端子	T18b/10							
	导线颜色	R/W							

(2) 根据电路图册，识别实车车门锁单元和其他相关元件对应线路的导线颜色，并完成表 3-16。

表 3-16 门锁单元对应线路的导线颜色对照表

元件		1	2	3	4	5	6	7	8
F220	端子	T8bi/1							
	导线颜色	B/Gr							
F221	端子								T8bj/8
	导线颜色								Br
F222	端子		T6bp/2						
	导线颜色		B/L						
F223	端子						T6bh/6		
	导线颜色						Br/Y		
E150	端子		T16c/11						
	导线颜色		Br						
K133	端子	T2go/1							
	导线颜色	Br							
F218	端子			T3ab/3					
	导线颜色			Br/R					
F120	端子	T2bw/1							
	导线颜色	Br							
R47	端子		T15/10						
	导线颜色								

(3) 绘制舒适单元和 4 个车门控制单元的电源、接地电路图，并展示、评价(要求标出实车元件名称、代码、端子号码、元件内部结构、导线颜色等)。

(4) 绘制实车中控控制电路图,并展示、评价(要求标出实车元件名称、代码、端子号码、元件内部结构、导线颜色等)。

4. 制订维修方案

(1) 根据实车绘制电路图,查阅维修手册及相关资料,分析中控锁不工作的可能原因。

(2) 按照故障原因的先后顺序完成图 3-11 所示鱼骨图(电源、线路、元器件),并展示、评价。

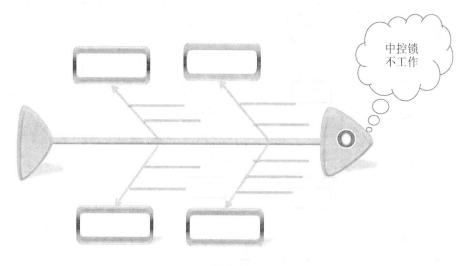

图 3-11

(3) 按照故障排除思路,由简至繁简要写出检查步骤,完成表 3-17。

表 3-17

序号	检查项目	使用工具
1	检查 J393 电源电压	万用表
2		
3		

三、工作效果评价

组员进行自我评价、相互评价，并完成表 3-18 的相应内容。

表 3-18 工作评价表

项目	评价内容			评价等级		
自我评价	学到的知识点：					
	学到的技能点：					
	不理解的有：					
	还需要深化学习并提升的有：					
组内评价	○按时到场	○工装齐备	○书、本、笔齐全			
	○安全操作	○责任心强	○7S 管理规范			
	○学习积极主动	○合理使用教学资源	○主动帮助他人			
	○接受工作分配	○有效沟通	○高效完成工作任务			
组间评价	项目	本组	他组			
	计划合理性					
	计划执行性					
	工作完成度					
	小组的亮点					
	小组的不足					
组间评价	其他					
小组评语及建议	他(她)做到了：			组长签名： 年 月 日		
	他(她)的不足：					
	给他(她)的建议：					
老师评语及建议				评价等级： 教师签名： 年 月 日		

学习活动3.3 中控锁不工作故障的维修方案实施

一、工作与学习目标

(1) 能够对中控控制线路进行检测并修复。
(2) 能够检测车门锁并判断性能。
(3) 能够读取并分析舒适系统数据流。
(4) 能够匹配遥控器并测试遥控功能。
(5) 能够对ECU进行编码,实现两步开锁功能。
(6) 能够执行工作的过程性检验及7S工作理念。
(7) 能够相互展示学习成果并评价。

二、工作与学习记录

1. 制订工作计划

(1) 根据学习活动内容制订合理的工作计划,完成表3-19。
(2) 各组选派一名质检员交叉进行过程检验。

表3-19

序号	项目	人员	时间段
1	检测舒适单元电源、接地线路		
2			
3			
4			
5			
6			
7			
8			

2. 检测中控控制线路

(1) 检测J393电源、接地线路,并完成表3-20。

表3-20 J393线路检测表

序号	检测项目	检测端子	检测状态	检测结果	初步判断
1	J393电压供应1	T15/13-接地	钥匙拔出	0V	不正常
2	保险丝S111电阻				
3	J393电压供应2	T23/17-接地			
4	J393电压供应3	T23/20-接地			
5	保险丝S238电阻				

续表

序号	检测项目	检测端子	检测状态	检测结果	初步判断
6	J393 电压供应 4	T23/22-接地			
7	保险丝 S14 电压				
8	保险丝 S14 电阻				
9	J393 接地电阻	T23/23-接地	断开 J393 插头	0Ω	正常

故障部位：_____。

排除方法：_____。

(2) 检测 J386 电源、接地及 CAN 总线线路，并完成表 3-21。

表 3-21 J386 线路检测表

序号	检测项目	检测端子	检测状态	检测结果	初步判断
1	J386 电压供应	T29a/20-接地			
2	保险丝 S37 电压				
3	保险丝 S37 电阻				
4	J386 接地电阻				
5	CAN H 线路导通	J387 T29a/6-J393 T23/9			
6	CAN L 线路导通		断开 J393 及车门控制单元插头		

故障部位：_____。

排除方法：_____。

3. 诊断仪诊断

(1) 参考图 3-12，读取控制单元信息，读取故障代码并清除，并完成表 3-22。

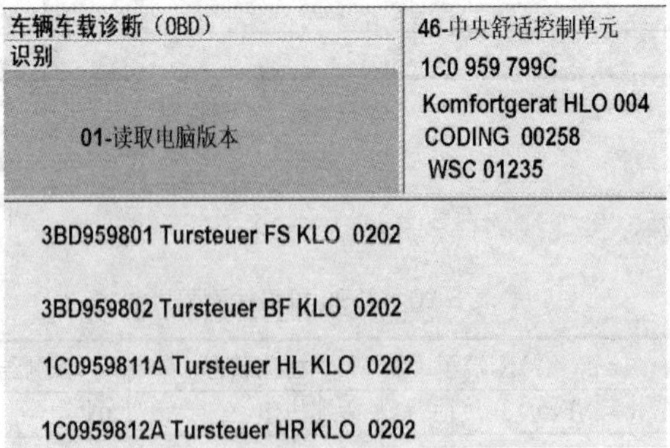

```
车辆车载诊断（OBD）          46-中央舒适控制单元
识别                         1C0 959 799C
                             Komfortgerat HLO 004
        01-读取电脑版本       CODING   00258
                             WSC 01235

3BD959801 Tursteuer FS KLO  0202

3BD959802 Tursteuer BF KLO  0202

1C0959811A Tursteuer HL KLO  0202

1C0959812A Tursteuer HR KLO  0202
```

图 3-12 控制单元信息查询

表 3-22 信息记录表

控制单元零件号	J393	
	J386	
	J387	
	J388	
	J389	
故障代码	清除前	代码及内容：
	清除后	代码及内容：

(2) 参考图 3-13，读取并分析数据流，并完成表 3-23。

(a) 读取数据流

(b) 读取测量值块

图 3-13 数据流参考图

表 3-23 数据流记录表

数据组	状 态	区域1	区域2	区域3	区域4
006	KEY ON				
007	操作中控开关				
009	操作中控开关				
010	打开一个车门				
012	KEY ON				

4. 检测左前门锁

1) 拆卸右前门锁

(1) 查阅大众"TEIS"电子维修手册查询路径：PASSAT→车身→帕萨特一般车身修理→门锁的拆卸和安装→修理组：57-09-57-16。

(2) 写出右前门锁的拆装步骤，完成表 3-24，并展示评价。

表 3-24　右前门锁拆装步骤

步骤	拆卸/安装项目	实用工具	注意事项
a	拆卸钥匙锁芯罩盖	小一字螺丝刀	不要刮坏油漆
b			
c			
d			
e			
f			
g			
h			
i			
j			
k			

(3) 查阅电子版维修手册修理组：57-06，识别实车门把手及相关联动件，指出图 3-14 英文字母所代表元件对应的名称，填写于表 3-25 中。

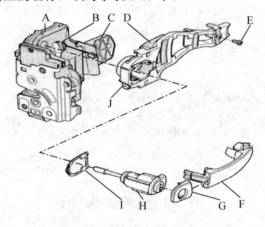

图 3-14　车门把手拆卸分解图

表 3-25　车门把手联动机构元件

英文序号	元件名称
A	
B	外拉手拉索
C	
D	
E	
F	
G	
H	
I	
J	内齿螺栓

2) 检测左前门锁

分析左前门锁内部电路控制图(图3-15),检测左前门锁相关参数,完成表3-26。

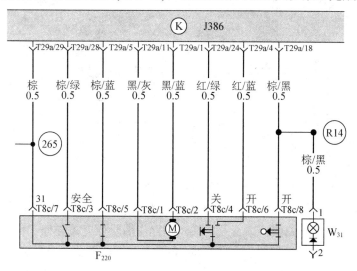

图3-15 车门锁内部电路控制图

表3-26 车门锁检查表

序号	检测项目	检测端子	检测条件	检测结果	初步判断
1	车门开关接触电阻	T8c/8-T8c/7	车门打开		
2			车门关闭		
3	钥匙开关接触电阻-开锁				
4	钥匙开关接触电阻-锁门				
5	门锁电机电阻				
6	门锁闭锁开关接地电阻		锁门		
7			开门		

故障部位:_____。
排除方法:_____。

3) 按与拆卸相反的顺序安装左前门锁

5. 匹配遥控器

1) 信息检索

在遥控器丢失或需要增加遥控器时需要进行遥控器匹配。查阅大众"TEIS"电子维修手册可获得相关信息。查询路径:PASSAT→车身→车身自诊断→匹配点火钥匙和无线电遥控→修理组:01-243-01-248。

2) 准备工作

(1) 将要匹配的遥控器放置于仪表台附近,最多可匹配4个遥控器。

(2) 按遥控观察遥控器指示灯点亮,确保遥控器电池电量充足。

(3) 关闭4个车门、车头盖和尾箱盖。

(4) 连接诊断仪并打开点火开关。

(5) 读取并清除故障代码。

3) 匹配遥控器

参考图 3-16，对遥控器进行匹配。

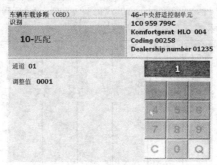

图 3-16 遥控器匹配参考图

(1) 清除原有记忆(遥控器丢失)，路径：选择地址码＿＿→匹配通道＿＿→输入匹配值＿＿，按确认键保存→关闭点火开关并拔出钥匙，清除原有遥控器记忆。

(2) 重新匹配：选择地址码＿＿→匹配通道＿＿→输入匹配值＿＿→按遥控器的开门或锁门按键一次→按确认键保存→关闭点火开关并拔出钥匙。

(3) 如果要匹配多个遥控器，则输入相应的匹配值后，每个遥控器按＿＿次开门或锁门键，各遥控器按键操作必须在 15s 内完成。

(4) 遥控器动作可在数据组 015，区域 1 观察到。

4) 测试遥控器及车门锁工作状态

在对应项目的的方框内划"√"或"×"，在横线上填写对应的选项或答案。

表 3-27

测试项目	驾驶侧车门锁	乘客侧车门锁	左后车门锁	右后车门锁
遥控锁门	□锁门 □安全锁 □车内开门 □车外开门 ●室内灯　　（点亮/熄灭）　　●防盗警告灯　　（持续闪烁/熄灭） ●危险警告灯闪烁　　次后熄灭　●按住 1s，玻璃　　（上升/下降）	□锁门 □安全锁 □车内开门 □车外开门	□锁门 □安全锁 □车内开门 □车外开门	□锁门 □安全锁 □车内开门 □车外开门
遥控解锁	□解锁 □车内开门 □车外开门 ●室内灯　　（点亮/熄灭）　　●防盗警告灯　　（持续闪烁/熄灭） ●危险警告灯闪烁　　次后熄灭　●按住 1s，玻璃　　（上升/下降）	□解锁 □车内开门 □车外开门	□解锁 □车内开门 □车外开门	□解锁 □车内开门 □车外开门

6. 控制单元编码

设置两步开锁功能：通过更改控制单元编码可以实现单开门功能，即按开锁键一次，只开驾驶侧门锁；连续按开锁键两次，才能打开 4 个车门锁。

(1) 参考图 3-17，对控制单元进行重新编码：KEY ON，选择地址码 46 →选择功能 07→输入新编码"00258"，按确认键保存→返回到地址码状态。

(2) 再次测试遥控，对比编码更改前后的结果，选择对应的动作门锁填写于横线上，完成表 3-28。

图 3-17　控制单元编码

表 3-28

遥控操作	遥控锁门	遥控开门
门锁动作	＿＿＿＿上锁 (全部/X 个)	按一次，＿＿＿＿开锁 按两次，＿＿＿＿开锁 (全部/X 个)

7. 个性化设置

通过功能组 10-匹配，再选择对应的通道号，可实现舒适控制系统的个性化功能，匹配值 0000 为关闭功能；0001 为开启功能。

(1) 设置自动上锁、解锁功能：通过通道匹配实现车速 15km/h 时，车辆自动上锁；钥匙拔出点火开关时，自动解锁，如图 3-18 所示，10 匹配→通道 03→匹配值 0001 开启自动锁门功能，匹配值 0000 则为关闭自动锁门功能。

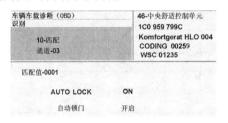

图 3-18　自动锁门

(2) 分别选择表 3-29 中所列通道进行匹配，填写匹配值对应的设置功能。

表 3-29　舒适个性化设置表

匹配通道	匹配值	实现的功能
03	0001	自动锁门开启
04	0000	
06	0001	
07	0000	
08	0001	
09	0000	
10	0001	报警喇叭调整到欧洲制式
10	0002	

三、工作效果评价

组员进行自我评价、相互评价，并完成表3-30的相应内容。

表3-30 工作评价表

项目	评价内容	评价等级		
自我评价	学到的知识点：			
	学到的技能点：			
	不理解的有：			
	还需要深化学习并提升的有：			
组内评价	○按时到场　　○工装齐备　　　　○书、本、笔齐全 ○安全操作　　○责任心强　　　　○7S管理规范 ○学习积极主动　○合理使用教学资源　○主动帮助他人 ○接受工作分配　○有效沟通　　　　○高效完成工作任务			
组间评价	项目　　　　本组　　　　他组			
	计划合理性			
	计划执行性			
	工作完成度			
	小组的亮点			
	小组的不足			
	其他			
小组评语及建议	他(她)做到了： 他(她)的不足： 给他(她)的建议：	组长签名： 年　月　日		
老师评语及建议		评价等级： 教师签名： 年　月　日		

学习活动 3.4 中控锁不工作故障的维修完工检验

一、工作与学习目标

(1) 能够按照企业标准对中控锁及无线遥控进行检测。
(2) 能够对中控及无线遥控的使用为客户提出合理化建议。
(3) 能够进行排故思路总结，展示并评价。
(4) 能够执行过程性检验及 7S 工作理念。

二、工作与学习记录

1. 制订工作计划

(1) 根据学习活动内容制订合理的工作计划，并完成表 3-31。
(2) 各组选派一名质检员交叉进行过程检验。

表 3-31 工作计划表

序 号	项 目	人 员	时间段
1	测试中控控制功能		
2			
3			
4			
5			
6			
7			
8			
9			
10			

2. 完工检验

(1) 测试遥控及中控控制功能，确认故障修复。
(2) 检查零部件复位、连接器紧固、工具材料遗漏，并完成表 3-32。

表 3-32 完工检验表

序 号	检验项目	检验结果			备 注
		😎	🙂	☹	
1	遥控器工作				
2	钥匙开锁门工作				
3	车门锁锁门、解锁				
4	安全锁功能				

序号	检验项目	检验结果 😎	检验结果 🙂	检验结果 ☹	备注
5	防盗指示灯工作				
6	室内中控开关工作				
7	所有装饰件完好				
8	连接器连接可靠				
9	未有工具设备遗漏				

3. 总结排故思路

(1) 总结排故思路，利用故障诊断树形式进行描绘。

(2) 完成展示、评价后，将诊断树绘制于下面方框中。

4. 提出建议

(1) 根据所学知识，查询维修手册及相关资源，检索中控锁及无线遥控操作的注意事项。

(2) 参考图 3-19 对车主使用中控及无线遥控提出合理化建议。

图 3-19 检查遥控电池

三、工作效果评价

组员进行自我评价、相互评价，并完成表 3-33 的相应内容。

表 3-33 工作评价表

项目	评价内容			评价等级		
				😎	🙂	☹️
自我评价	学到的知识点：					
	学到的技能点：					
	不理解的有：					
	还需要深化学习并提升的有：					
组内评价	○按时到场　　○工装齐备　　○书、本、笔齐全					
	○安全操作　　○责任心强　　○7S 管理规范					
	○学习积极主动　○合理使用教学资源　○主动帮助他人					
	○接受工作分配　○有效沟通　○高效完成工作任务					
组间评价	项目	本组	他组			
	计划合理性					
	计划执行性					
	工作完成度					
	小组的亮点					
	小组的不足					
	其他					
小组评语及建议	他(她)做到了： 他(她)的不足： 给他(她)的建议：			组长签名： 　年　月　日		
老师评语及建议				评价等级： 教师签名： 　年　月　日		

附 件 3

维修工作单
REPAIR ORDER

深圳市　　　汽车销售服务有限公司

地址：

电话：　　　　　　　　　　　　　传真：

NO：　　　　　SA：　　　　　接车时间：　　　　　预交车时间：

客户名称		车牌号码		车辆型号	
客户电话		VIN码			
联系地址		发动机号		车辆颜色	
联 系 人		购车日期		行驶里程	

工作内容　检修中控锁(左前门锁)不工作

序号	维修项目	项目类别	维修班组	维修技师	完工确认
1	测试中控(舒适)单元控制功能	一般维修			
2					
3					
4					
5					
6					
7					
8					
9					
10					

备注：

质量检验报告：

　　　　　　　　　　　　　　　　　　　　　　　　　　　质检员：

车间主任签名		服务顾问签名	

注：此单一式三联，服务顾问(SA)、车间主任、车间班组各执一联。

任务 4

数据总线故障的检修

学习活动 4.1　数据总线故障的初步检查与确认

一、工作与学习目标

(1) 能够正确识别仪表指示灯、警告灯和状态表。
(2) 能够通过电路图册识别数据总线导线及部件。
(3) 能够确认并描述故障现象。
(4) 能够相互展示成果并评价。
(5) 能够执行过程性检验及 7S 工作理念。

二、工作过程及学习记录

1. 制订工作计划

(1) 根据学习活动内容制订合理的工作计划，并完成表 4-1。
(2) 各组选派一名质检员交叉进行过程检验。

表 4-1　工作计划表

序号	项目	人员	时间段
1	查阅维修手册，找出检查仪表的注意事项		
2			
3			
4			
5			
6			
7			
8			

2. 注意事项

(1) 查阅相关资源，检索仪表(如图4-1所示)检查的注意事项。

(2) 列举注意事项，全组阅读并签名确认后张贴。

___

___

___

___

图 4-1

问题：在检查仪表时，若点火开关 ON，但发动机未运行，则哪些状态表反映的工况是当前汽车的工况？

___

___

3. 填写车辆基本信息

完成表4-2。

表 4-2

基本信息	车辆底盘号		车　型	
	发动机型号		公里数	

4. 故障确认

参考图4-2，完成表4-3。

表 4-3

项　目	机油压力警告灯		安全气囊故障指示灯		发动机转速表	
检查条件	发动机未启动	发动机启动后	发动机未启动	发动机启动后	发动机未启动	发动机启动后
状　态						

图 4-2

故障现象：_____

_____

_____

_____

5．初步诊断

(1) 参考图 4-3，读取实车控制单元信息，完成表 4-4。

表 4-4

地址码及内容	
零件号	
车型	
生产商	
软件版本	
ECU 编码	
经销商编号	

图 4-3　读取仪表控制单元版本

问题：

大众"TEIS"维修手册查询路径：PASSAT→汽车电气设备→_____→
修理组_____可获得相关信息。

(2) 参考图 4-4，选择"17"进入仪表单元，完成下表，查询故障代码并清除，完成表 4-5。

表 4-5

查询故障	功能组	
	代码	
	内容	
清除代码	功能组	
	清除后代码及内容	

图 4-4　清除故障代码

6. 执行元件测试

参考图 4-5，对仪表系统元器件进行动作测试，并完成表 4-6。

图 4-5　执行器测试图

表 4-6

序号	测试项目	测试结果	结果判断
1	发动机转速表	有转速	正常
2	机油警告灯		
3	安全气囊指示灯		

7. 识别仪表灯和状态表

(1) 对照图标，填写仪表灯的中英文名称于对应方框内，完成表 4-7。

表 4-7

图标			图标			图标		
⛽	中文		O/D OFF	中文		⛽	中文	
	英文			英文			英文	
ESP	中文		🔦	中文		🚿	中文	
	英文			英文			英文	
P)))	中文		🚗	中文		🔒	中文	
	英文			英文			英文	
🚪	中文		🚗	中文		(O)	中文	
	英文			英文			英文	
💡	中文		VSC	中文		(!)	中文	
	英文			英文			英文	
SHADE	中文		EPC	中文		💺	中文	
	英文			英文			英文	
🔋	中文		🔔	中文		🛢	中文	
	英文			英文			英文	
🚗	中文		↔	中文		💡	中文	
	英文			英文			英文	
⊙	中文		🌊	中文		CHECK	中文	
	英文			英文			英文	

(2) 参考图 4-6，指出各指示灯对应的作用，并进行标注，完成表 4-8。

名称　　　　　　　　　　　　　　　作用

A. ABS指示灯　　　　　　　　　① 显示安全气囊工作状态的指示灯，接通电门后点亮，约3s后熄灭表示系统正常，不亮或常亮表示系统存在故障。

B. 加油指示灯　　　　　　　　　② 灯亮时表示油箱里的油量已经很少了，最好马上加油。

C. 刹车指示灯　　　　　　　　　③ 显示刹车盘磨损及刹车系统状态，如果一直亮着，就应该马上检查刹车系统。

D. 机油指示灯　　　　　　　　　④ 接通电门后点亮，约3~4s后熄灭，发动机正常。不亮或长亮表示发动机故障，需及时进行检修。

E. 安全带指示灯　　　　　　　　⑤ 显示安全带状态的指示灯，灯亮起数秒进行提示，或者直到系好安全带才熄灭，有的车还会有声音提示。

F. 安全气囊指示灯　　　　　　　⑥ 开启发动机时未闪亮，或者启动后仍不熄灭，表明ABS出现故障。

图 4-6

G. 水温指示灯	⑦ 车辆自检时点亮，启动后熄灭。如果启动后该指示灯常亮，说明电瓶需要更换。
H. 手刹指示灯	⑧ 用圆圈起，或用P字母表示，平时为熄灭状态，当手刹被拉起后，指示灯自动点亮。
I. 电瓶指示灯	⑨ 显示发动机内冷却液的温度，只在车辆自检时点亮数秒，平时为熄灭状态。
J. 发动机工作状态指示灯	⑩ 显示发动机内机油的压力状况。打开钥匙门，车辆自检时，指示灯点亮，启动后熄灭。指示灯常亮，说明该车发动机机油压力低于规定标准，需要维修了。

图 4-6(续)

表 4-8

名称 \ 作用	数字									
	①	②	③	④	⑤	⑥	⑦	⑧	⑨	⑩
字母	F									

(3) 参考图 4-7，识别编号元件的名称，完成表 4-9。

表 4-9

编号	名称
A	
B	
C	
D	

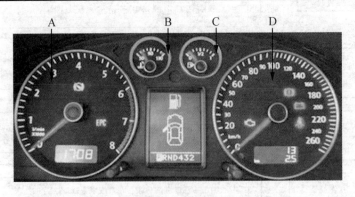

图 4-7

(4) 填写表 4-10 所示仪表各工况表的中英文名称并解释其作用。

表 4-10

图标	名称		作用
	中文名		
	英文名		
	中文名		
	英文名		
	中文名		
	英文名		
	中文名		
	英文名		

(5) 指出表 4-11 所列元件的中英文名，标贴于对应元器件上。

表 4-11

类型	端子	导线颜色	元件代码	元件中文	元件英文	元件代码	元件中文	元件英文
驱动CAN总线	CAN-H		J220	发动机控制单元		J285	组合仪表控制单元	
	CAN-L		J217	自动变速器控制单元		J234	安全气囊控制单元	
舒适CAN总线	CAN-H		J285	组合仪表控制单元		J255	自动空调控制单元	
	CAN-L		J393	舒适电子系统控制单元		J533	数据总线诊断接口	

三、工作效果评价

组员进行自我评价、相互评价，并完成表 4-12 的相应内容。

表 4-12 工作评价表

项目	评价内容	评价等级		
		😎	🙂	☹️
自我评价	学到的知识点：			
	学到的技能点：			
	不理解的有：			
	还需要深化学习并提升的有：			
组内评价	○按时到场　　○工装齐备　　　　○书、本、笔齐全 ○安全操作　　○责任心强　　　　○7S 管理规范 ○学习积极主动　○合理使用教学资源　○主动帮助他人 ○接受工作分配　○有效沟通　　　　○高效完成工作任务			
组间评价	项目　　　本组　　　他组			
	计划合理性			
	计划执行性			
	工作完成度			
	小组的亮点			
	小组的不足			
	其他			
小组评语及建议	他(她)做到了： 他(她)的不足： 给他(她)的建议：	组长签名： 年　月　日		
老师评语及建议		评价等级： 教师签名： 年　月　日		

学习活动 4.2　数据总线故障的维修方案制订

一、工作与学习目标

(1) 能够识读帕萨特仪表控制电路图。
(2) 能够绘制实车仪表总线控制电路图。
(3) 能够识别实车数据总线基本组成部件。
(4) 能够根据维修手册制订数据总线故障维修方案。
(5) 能够展示学习成果并评价。
(6) 能够执行过程性检验和 7S 工作理念。

二、工作过程及学习记录

1. 制订工作计划

(1) 根据学习活动内容制订合理的工作计划，并完成表 4-13。
(2) 各组选派一名质检员交叉进行过程检验。

表 4-13　工作计划表

序　号	项　　目	人　员	时间段
1	识读帕萨特仪表控制电路图		
2			
3			
4			
5			
6			
7			
8			
9			
10			

2. 识读电路图

查阅维修手册，识读帕萨特仪表系统数据总线电路图。
(1) 参考图 4-8 和图 4-9，指出图中各标示的含义，并完成表 4-14。

表 4-14

元件字母代码	含义/名称
A	
B	
C	
D	
E	
F	
G	
H	
I	
J	
K	
L	
M	
N	

(2) 查找电路图，找出实车中对应的连接器，绘制连接器外形图，展示并评价，完成表 4-15。

表 4-15

连接器代码	J234 T75	J285 T32a	连接器 T10p	T16
连接器颜色				
端子数				
外形图				

任务 4 数据总线故障的检修

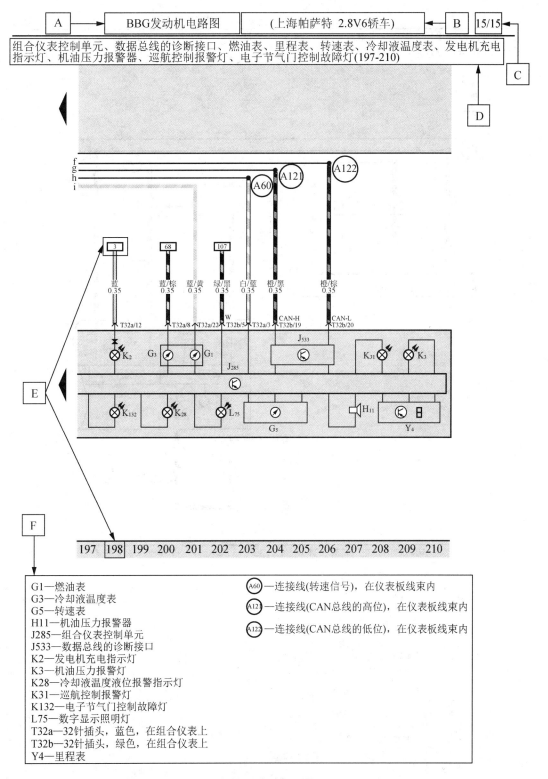

图 4-8 电路标示图 1

安全气囊系统电路图(上海帕萨特 2.8V6 轿车)

安全气囊的控制单元、组合仪表控制单元、驾驶员安全带接触开关、数据总线的诊断接口、座椅安全带报警灯报警系统、安全气囊报警灯(29-42)

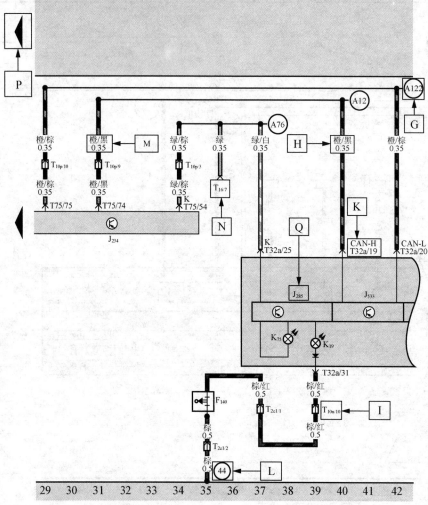

F140—驾驶员安全带接触开关
J234—安全气囊的控制单元,在中央控制台的前下方
J285—组合仪表控制单元
J533—数据总线的诊断接口
K19—座椅安全带报警灯报警系统
K75—安全气囊报警灯
T2cf—2针插头,黑色,在驾驶员座椅底部(1号位)
T10h—10针插头,棕色,在右柱处(12号位)
T10p—10针插头,黄色,在右柱处(5号位)
T16—自诊断接口,针插头,黑色,在换挡操纵杆附近
T32a—32针插头,蓝色,在组合仪表上
T32b—32针插头,绿色,在组合仪表上
T75—75针插头,黄色,在安全气囊控制单元上
㊹—接地点,在中央电器左侧,左柱处
Ⓐ76—连接线自诊断线,在仪表板线束内
Ⓐ12—连接线(CAN总线的高位),在仪表板线束内
Ⓐ12—连接线(CAN总线的低位),在仪表板线束内

图 4-9 电路标示图 2

3. 绘制电路图

(1) 根据电路图册，识别实车仪表控制单元数据总线对应线路的导线颜色，并完成表 4-16。

表 4-16 仪表控制单元数据总线对应线路的导线颜色表

元件		电源 1	电源 2	电源 3	接地 1	接地 2	CAN H	CAN L
J220	端子	T121/3						
	导线颜色	黑/蓝						
J217	端子							T88/85
	导线颜色							橙/棕
J285	端子		T32a/23					
	导线颜色		红/蓝					
J234	端子	T75/26						
	导线颜色	黑						
J255	端子	T16a/9						
	导线颜色	黑/红						
J393	端子						T23/9	T23/6
	导线颜色						橙/绿	橙/棕
T16	端子	T16/16						
	导线颜色	红/黑						

(2) 根据电路图册，识别实车仪表对应线路的导线颜色，并完成表 4-17。

表 4-17 仪表对应线路的导线颜色表

元件	编号	1	2	3	4	5	6	7	8
J285	端子	T32a/2	T32a/5	T32a/8	T32a/12	T32a/18	T32a/22	T32a/25	T32a/30
	导线颜色								红
J285	端子	T32b/5	T32b/8	T32b/9	T32b/19	T32b/22	T32b/25	T32b/27	T32b/28
	导线颜色					棕/红			

(3) 绘制包括电源、接地、安全气囊指示灯、机油压力警告灯和发动机转速表的仪表控制电路图，并展示、评价(要求标出实车元件名称、代码、端子号码、元件内部结构、导线颜色等)。

(4) 绘制实车控制单元驱动数据总线电路图,并展示、评价(要求标出实车控制单元名称、代码、端子号码、数据总线导线颜色等)。

4. 制订维修方案

(1) 根据实车绘制电路图，查阅维修手册及相关资料，并分析数据总线故障的可能原因。

(2) 按照故障原因的先后顺序完成图 4-10 所示鱼骨图(电源、链路、节点)，并展示、评价。

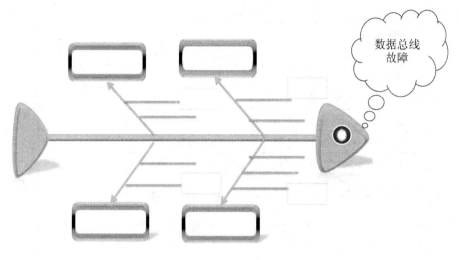

图 4-10

(3) 按照故障排除思路，由简至繁简要写出检查步骤，完成表 4-8。

表 4-8

序 号	检查项目	使用工具
1	检查 J285 电源电压	万用表
2		

三、工作效果评价

组员进行自我评价、相互评价，并完成表 4-19 的相应内容。

表 4-19 工作评价表

项目	评价内容			评价等级		
自我评价	学到的知识点：					
	学到的技能点：					
	不理解的有：					
	还需要深化学习并提升的有：					
组内评价	○按时到场　　○工装齐备　　　　○书、本、笔齐全 ○安全操作　　○责任心强　　　　○7S 管理规范 ○学习积极主动　○合理使用教学资源　○主动帮助他人 ○接受工作分配　○有效沟通　　　　○高效完成工作任务					
组间评价	项目	本组	他组			
	计划合理性					
	计划执行性					
	工作完成度					
	小组的亮点					
	小组的不足					
	其他					
小组评语及建议	他(她)做到了： 他(她)的不足： 给他(她)的建议：			组长签名： 　　年　月　日		
老师评语及建议				评价等级： 教师签名： 　　年　月　日		

学习活动 4.3 数据总线故障的维修方案实施

一、工作与学习目标

(1) 能够检测仪表工作状态并判断性能。
(2) 能够读取并分析驱动系统数据流。
(3) 能够确认数据总线相关的控制单元是否正常工作。
(4) 能够对数据总线线路进行检测并修复。
(5) 能够正确地判断出数据总线故障部位。
(6) 能够执行工作的过程性检验及 7S 工作理念。
(7) 能够相互展示学习成果并评价。

二、工作与学习记录

1. 制订工作计划

(1) 根据学习活动内容制订合理的工作计划,完成表 4-20。
(2) 各组选派一名质检员交叉进行过程检验。

表 4-20

序号	项目	人员	时间段
1	检测仪表工作状态并判断性能		
2			
3			
4			
5			
6			
7			
8			

2. 检测仪表控制线路

(1) 检测 J285 电源、接地线路,完成表 4-21。

表 4-21 J285 线路检测表

序号	检测项目	检测端子	检测状态	检测结果	初步判断
1	J285 电压供应 1	T32a/23-接地	点火开关 OFF 挡	12V	正常
2	保险丝 S15 电阻			0Ω	
3	保险丝 S15 电压				
4	J285 电压供应 2	T32a/1-接地			
5	转速信号	T32a/3-接地			
6	保险丝 S12 电压				

续表

序号	检测项目	检测端子	检测状态	检测结果	初步判断
7	J285 电压供应 3	T32a/30-接地	点火开关 IG 挡		
8	F1 信号电压	T32b/18-接地	取下保险丝		
9	J285 接地电阻	T32a/7-接地	断开 J285 插头	0Ω	正常

故障部位：_____。

排除方法：_____。

(2) 检测驱动 CAN 总线相关控制单元电压、接地及 CAN 线路，并完成表 4-22。

表 4-22　CAN 线路检测表

序号	检测项目	检测端子	检测状态	检测结果	初步判断
1	J220 电压供应	T121/62-接地			
2	保险丝 S232 电压				
3	J220 接地电阻	T121/108-接地			
4	J220 接地电阻	T121/1-接地			
5	J234 电压供应	T75/26-接地			
6	J234 接地电阻	T75/51-接地			
7	J234 CAN H 线路导通	J234 T75/74-J533 T32b/19			
8	J234 CAN L 线路导通	J234 T75/75-J533 T32b/20			
9	J220 CAN H 线路导通	J220 T121/60-J533 T32b/19			
10	J220 CAN L 线路导通	J220 T121/58-J533 T32b/20	断开 J220 及 J533 控制单元插头		
11	J234 K 线路导通	J234 T75/54-J285 T32a/25	断开 J234 及 J285 控制单元插头		

故障部位：_____。排除方法：_____。

3．诊断仪诊断

(1) 参考图 4-11～图 4-13，读取控制单元信息及故障代码并完成表 4-23。

车辆车载诊断（OBD）识别	01-发动机电子装置
01-读取电脑版本	3BO907551CA ------------ 2.8L　V6/5V　G01　0002 CODING　06125 WSC　01235

3BO907551CA　2.8L　V6/5V　G01　0002

Coding　06125　　　　　　WSC 01235

图 4-11　发动机控制单元信息查询

车辆车载诊断（OBD）	01-发动机电子装置
004.01-检查故障代码存储器	3BO907551CA ------------
成功执行该功能	2.8L V6/5V G01 0002
2 是否检测到故障代码？	CODING 06125
	WSC 01235
18044	P1635　　　　035
数据总线传递系	
安全气囊控制信息缺失	
静态	
18048	P1650　　　　035
仪表数据输出	
错误	

图 4-12　发动机故障代码查询

车辆车载诊断（OBD）	17-仪表
004.01-检查故障代码存储器	3BD 920 806B
成功执行该功能	COMBI+IMMOBIL VDO V01
2 是否检测到故障代码？	CODING 06125
	WSC 01235
01314	049
发动机控制单元无通信	
静态	
01321	049
安全气囊无通信	
静态	

图 4-13　仪表故障代码查询

表 4-23　控制单元信息及故障代码记录表

控制单元代号		J220		J285		J234	
控制单元零件号							
故障代码	清除前	代码 1		代码 1		代码 1	
		含义 1		含义 1		含义 1	
		代码 2		代码 2		代码 2	
		含义 2		含义 2		含义 2	
	清除后	代码 1		代码 1		代码 1	
		含义 1		含义 1		含义 1	
		代码 2		代码 2		代码 2	
		含义 2		含义 2		含义 2	

(2) 参考图 4-14，读取网关安装列表并将相关信息填入表 4-24。

通过查询网关安装列表，确认控制单元存在故障的情况。

车辆车载诊断（OBD）	19-网关
识别	6N0909901
1000-读取网关安装列表	Gateway k<->CAN 00001
	CODING 06125
	WCS 01235
52 - 前排乘客车门电子设备	正常　　0000
62 - 左后车门电子设备	正常　　0000
72 - 右后车门电子设备	正常　　0000
03 - 制动器电子系统	正常　　0000
44 - 动力转向	正常　　0000
15 - 安全气囊	故障　　0010
25 - 防起动锁	正常　　0000
16 - 转向柱电子设备	正常　　0000
46 - 舒适系统中央模块	正常　　0000
56 - 收音机	正常　　0000
17 - 仪表板	故障　　0010

图 4-14　网关安装列表记录

表 4-24

单元名称	控制	状态
	安全气囊	故障

(3) 参考图 4-15，读取并分析数据流，完成表 4-25。

图 4-15 数据流读取

表 4-25

控制单元	数据组	状态	区域 1	区域 2	区域 3	区域 4
发动机控制单元	004	怠速				
安全气囊控制单元	005					

通过分析数据流再次确认数据总线相关控制单元存在的故障。

因为仪表系统不可分解，更换一只仪表后经匹配测试故障依旧。

(4) 参考图 4-16，读取仪表控制单元数据总线波形，并在下面坐标图中绘制波形于图 4-17 中。

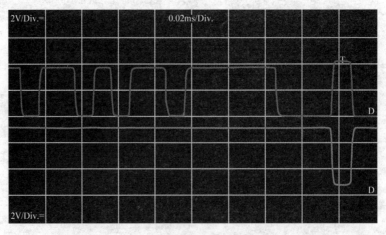

图 4-16 数据总线波形参考图

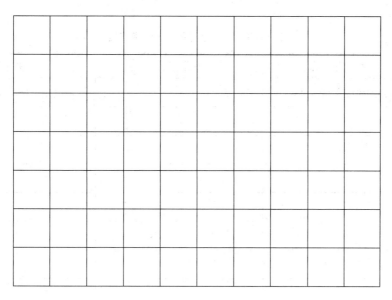

图 4-17

经分析波形,故障可能出在安全气囊控制单元未能正确传输信号,于是进行检测操作。

4. 检测安全气囊控制单元

(1) 查阅大众"TEIS"电子维修手册查询路径:→PASSAT→车身→帕萨特一般车身修理→安全装备→气囊控制器(J234)的拆卸与安装→修理组:69-49-69-50。

(2) 根据图 4-18 所示,了解教学车辆的气囊系统组成及安装位置。

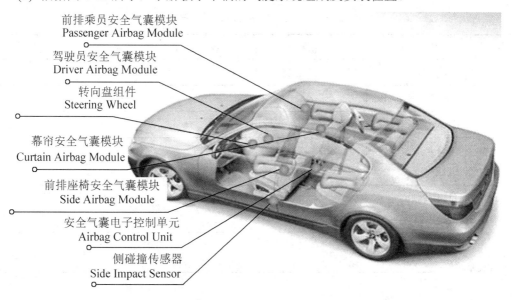

图 4-18 气囊系统组成及安装位置

(3) 写出气囊控制器的拆装步骤,展示评价,并完成表 4-26。

表 4-26 气囊控制器的拆装步骤表

步 骤	拆卸/安装项目	实用工具	注意事项
a	拆卸蓄电池负极接线柱	开口扳手	不要撬动负极接线头
b			
c			
d			
e			
f			
g			
h			
i			
j			
k			

(4) 检测安全气囊控制单元。

分析气囊控制单元电路,如图 4-19 所示,检测相关参数,并完成表 4-27。

表 4-27 安全气囊控制单元检查表

序 号	检测项目	检测端子	检测条件	检测结果	初步判断
1	K 线电阻	T75/54-T32a/25	断开 T75 和 T32a		
2	CAN-H 线电阻				
3	CAN-L 线电阻				
4	J234 控制单元电源电压				
5	J234 控制单元接地电阻				

确认故障部位:_____。

排除方法:_____。

经过故障诊断仪读取故障代码、数据流分析及波形测试等，结合电路图线路检查，在排除相关电阻和控制单元电源电压故障的基础上，对元器件进行测试发现机油压力和发动机转速表都正常，经分析怀疑故障很可能出在安全气囊控制单元或数据总线上，对控制器单元进行替换实验，发现仪表功能恢复。修复数据总线上的故障。

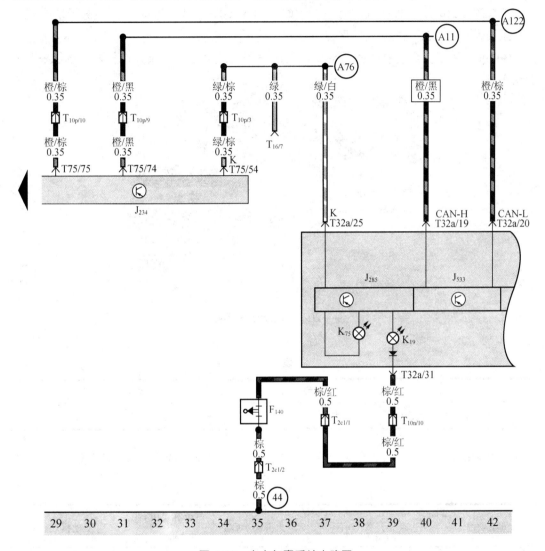

图 4-19 安全气囊系统电路图

(5) 按与拆卸相反的顺序安装安全气囊控制单元。

5. 安全气囊控制单元匹配

(1) 信息检索：在更换安全气囊控制单元和气囊组件时需匹配。查阅大众"TEIS"电子维修手册可获得相关信息。查询路径：PASSAT→车身→帕萨特车身自诊断→01-自诊断→使用故障阅读仪 V.A.S5052 对安全气囊控制单元进行编码→修理组：01-21-01-22。

(2) 准备工作如下。

① 连接诊断仪。

② 将点火开关旋到 IG 挡。

③ 查询历史故障代码并记录。

④ 清除历史故障代码。

(3) 匹配安全气囊控制单元。

参考图 4-20，对控制单元进行重新编码：KEY ON，选择地址码 15→选择功能 07→输入新编码"06125"，按确认健保存→返回到地址码状态。

(4) 再次测试安全气囊故障报警灯，对比编码更改前后的结果，选择对应的状态填写于表 4-28。

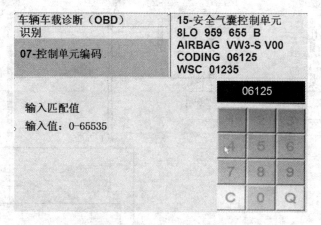

图 4-20 控制单元重新编码

表 4-28

工况	发动机未启动	发动机启动后
安全气囊故障指示灯状态		

(5) 测试仪表工作状态，在对应项目的的方框内划"√"或"×"，完成表 4-29。

表 4-29

测试项目	点火开关 OFF	点火开关 ACC	点火开关 IG 但发动机未启动	发动机启动后
机油压力警告灯	□报警 □点亮后熄灭	□报警 □点亮后熄灭	□报警 □点亮后熄灭	□报警 □熄灭
安全气囊故障指示灯	□报警 □点亮后熄灭	□报警 □点亮后熄灭	□报警 □点亮后熄灭	□报警 □点亮后熄灭
发动机转速表	□正常 □不正常	□正常 □不正常	□正常 □不正常	□正常 □不正常

三、工作效果评价

组员进行自我评价、相互评价,并完成表 4-30 的相应内容。

表 4-30 工作评价表

项目	评价内容			评价等级		
自我评价	学到的知识点: 学到的技能点: 不理解的有: 还需要深化学习并提升的有:					
组内评价	○按时到场　　○工装齐备　　○书、本、笔齐全 ○安全操作　　○责任心强　　○7S 管理规范 ○学习积极主动　○合理使用教学资源　○主动帮助他人 ○接受工作分配　○有效沟通　　○高效完成工作任务					
组间评价	项目	本组	他组			
	计划合理性					
	计划执行性					
	工作完成度					
	小组的亮点					
	小组的不足					
	其他					
小组评语及建议	他(她)做到了: 他(她)的不足: 给他(她)的建议:			组长签名: 　　年　月　日		
老师评语及建议				评价等级: 教师签名: 　　年　月　日		

学习活动 4.4　数据总线故障的维修完工检验

一、工作与学习目标

(1) 能够按照企业标准对数据总线进行检测。
(2) 能够对仪表的使用为客户提出合理化建议。
(3) 能够进行排故思路总结，展示并评价。
(4) 能够执行过程性检验及 7S 工作理念。

二、工作与学习记录

1. 制订工作计划

(1) 根据学习活动内容制订合理的工作计划，并完成表 4-31。
(2) 各组选派一名质检员交叉进行过程检验。

表 4-31　工作计划表

	项　目	人　员	时间段
1	检查仪表指示灯功能		
2			
3			
4			
5			
6			
7			
8			
9			
10			

2. 完工检验

(1) 检查仪表指示灯及仪表工作情况，确认故障修复。
(2) 检查零部件复位、连接器紧固、工具材料遗漏，并完成表 4-32。

表 4-32　完工检验表

检验项目		状　态		检验结果		
检验条件		点火开关 ON，但发动机未启动	发动机启动后	😎	🙂	☹️
1	机油压力警告灯	点亮几秒后熄灭	熄灭			
2	安全气囊故障指示灯					
3	发动机转速表					

续表

检验项目		状态		检验结果		
检验条件		点火开关ON,但发动机未启动	发动机启动后			
4	发动机控制单元 J220	无	无			
5	安全气囊控制单元 J234	故障代码				
6	仪表控制单元 J285					
7	所有装饰件完好					
8	连接器连接可靠					
9	未有工具设备遗漏					

3. 总结排故思路

(1) 总结排故思路，利用故障诊断树形式进行描绘。

(2) 完成展示、评价后，将诊断树绘制于下面方框中。

4. 提出建议

(1) 根据所学知识，查询维修手册及相关资源，提出数据总线故障判断的方法。

(2) 参考图4-21，对车主使用仪表指示灯初步检查汽车工况提出合理化建议。

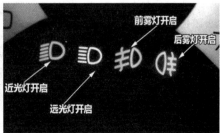

图4-21 检查仪表指示灯

三、工作效果评价

组员进行自我评价、相互评价，并完成表 4-33 的相应内容。

表 4-33　工作评价表

项 目	评价内容			评价等级		
				😎	🙂	🙁
自我评价	学到的知识点：					
	学到的技能点：					
	不理解的有：					
	还需要深化学习并提升的有：					
组内评价	○按时到场　　○工装齐备　　　　○书、本、笔齐全					
	○安全操作　　○责任心强　　　　○7S 管理规范					
	○学习积极主动　○合理使用教学资源　○主动帮助他人					
	○接受工作分配　○有效沟通　　　○高效完成工作任务					
组间评价	项目	本组	他组			
	计划合理性					
	计划执行性					
	工作完成度					
	小组的亮点					
	小组的不足					
	其他					
小组评语及建议	他(她)做到了：			组长签名： 　　年　月　日		
	他(她)的不足：					
	给他(她)的建议：					
老师评语及建议				评价等级： 教师签名： 　　年　月　日		

附 件 4

维修工作单
REPAIR ORDER

深圳市　　　　汽车销售服务有限公司

地址：

电话：　　　　　　　　　　传真：

NO：　　　　SA：　　　　接车时间：　　　　预交车时间：

客户名称		车牌号码		车辆型号	
客户电话		VIN 码			
联系地址		发动机号		车辆颜色	
联 系 人		购车日期		行驶里程	

工作内容　检修气囊故障指示灯点亮					
序号	维修项目	项目类别	维修班组	维修技师	完工确认
1	测试数据总线状态	一般维修			
2					
3					
4					
5					
6					
7					
8					
9					
10					

备注：

质量检验报告：

质检员：

车间主任签名　　　　　　　　服务顾问签名

注：此单一式三联，服务顾问(SA)、车间主任、车间班组各执一联。

参 考 文 献

[1] 上海大众汽车. 帕萨特维修手册.
[2] 上海大众汽车. 帕萨特用户手册.
[3] 一汽丰田汽车. 卡罗拉维修手册.
[4] 一汽丰田汽车. 卡罗拉用户手册.

北京大学出版社高职高专汽车系列规划教材

序号	书号	书名	编著者	定价	出版日期
1	978-7-301-17694-8	汽车电工电子技术	郑广军	33.00	2011.1
2	978-7-301-19504-8	汽车机械基础	张本升	34.00	2011.10
3	978-7-301-19652-6	汽车机械基础教程(第2版)	吴笑伟	28.00	2012.8 第2次印刷
4	978-7-301-17821-8	汽车机械基础项目化教学标准教程	傅华娟	40.00	2010.10
5	978-7-301-19646-5	汽车构造	刘智婷	42.00	2012.1
6	978-7-301-13660-7	汽车构造(上册)——发动机构造	罗灯明	30.00	2012.4 第2次印刷
7	978-7-301-17532-3	汽车构造(下册)——底盘构造	罗灯明	29.00	2012.9 第2次印刷
8	978-7-301-13661-4	汽车电控技术	祁翠琴	39.00	2013.8 第5次印刷
9	978-7-301-19147-7	电控发动机原理与维修实务	杨洪庆	27.00	2011.7
10	978-7-301-13658-4	汽车发动机电控系统原理与维修	张吉国	25.00	2012.4 第2次印刷
11	978-7-301-18494-3	汽车发动机电控技术	张俊	46.00	2013.8 第2次印刷
12	978-7-301-21989-8	汽车发动机构造与维修(第2版)	蔡兴旺	40.00	2013.1
13	978-7-301-15378-9	汽车底盘构造与维修	刘东亚	34.00	2009.7
14	978-7-301-18948-1	汽车底盘电控原理与维修实务	刘映凯	26.00	2012.1
15	978-7-301-19334-1	汽车电气系统检修	宋作军	25.00	2011.8
16	978-7-301-23512-6	汽车车身电控系统检修	温立全	30.00	2014.1
17	978-7-301-18850-7	汽车电器设备原理与维修实务	明光星	38.00	2011.5
18	978-7-301-20011-7	汽车电器实训	高照亮	38.00	2012.1
19	978-7-301-22363-5	汽车车载网络技术与检修	闫炳强	30.00	2013.6
20	978-7-301-14139-7	汽车空调原理及维修	林钢	26.00	2013.8 第3次印刷
21	978-7-301-16919-3	汽车检测与诊断技术	娄云	35.00	2011.7 第2次印刷
22	978-7-301-22988-0	汽车拆装实训	詹远武	44.00	2013.8
23	978-7-301-18477-6	汽车维修管理实务	毛峰	23.00	2011.3
24	978-7-301-19027-2	汽车故障诊断技术	明光星	25.00	2011.6
25	978-7-301-17894-2	汽车养护技术	隋礼辉	24.00	2011.3
26	978-7-301-22746-6	汽车装饰与美容	金守玲	34.00	2013.7
27	978-7-301-17079-3	汽车营销实务	夏志华	25.00	2012.8 第3次印刷
28	978-7-301-19350-1	汽车营销服务礼仪	夏志华	30.00	2013.8 第3次印刷
29	978-7-301-15578-3	汽车文化	刘锐	28.00	2013.2 第4次印刷
30	978-7-301-15742-8	汽车使用	刘彦成	26.00	2009.9
31	978-7-301-20753-6	二手车鉴定与评估	李玉柱	28.00	2012.6
32	978-7-301-17711-2	汽车专业英语图解教程	侯锁军	22.00	2013.2 第3次印刷

相关教学资源如电子课件、电子教材、习题答案等可以登录 www.pup6.com 下载或在线阅读。

扑六知识网(www.pup6.com)有海量的相关教学资源和电子教材供阅读及下载(包括北京大学出版社第六事业部的相关资源)，同时欢迎您将教学课件、视频、教案、素材、习题、试卷、辅导材料、课改成果、设计作品、论文等教学资源上传到 pup6.com，与全国高校师生分享您的教学成就与经验，并可自由设定价格，知识也能创造财富。具体情况请登录网站查询。

如您需要免费纸质样书用于教学，欢迎登陆第六事业部门户网(www.pup6.cn)填表申请，并欢迎在线登记选题以到北京大学出版社来出版您的大作，也可下载相关表格填写后发到我们的邮箱，我们将及时与您取得联系并做好全方位的服务。

扑六知识网将打造成全国最大的教育资源共享平台，欢迎您的加入——让知识有价值，让教学无界限，让学习更轻松。联系方式：010-62750667，xc96181@163.com，linzhangbo@126.com，欢迎来电来信。

理论知识篇

目 录

任务1 安全气囊故障指示灯点亮故障的检修 1

1.1 认识安全气囊 3
    1.1.1 安全气囊知识介绍 3
    1.1.2 安全气囊系统工作原理 3
    1.1.3 卡罗拉车辆安全气囊故障诊断 9
1.2 安全气囊电路 11
    1.2.1 电路图识图基础 11
    1.2.2 识读卡罗拉电路图 14
    1.2.3 安全气囊系统部件介绍 25
1.3 安全气囊故障的排除 31
    1.3.1 检查 SRS ECU 电源供应 31
    1.3.2 连接器断开与连接 31
    1.3.3 故障模拟 35
    1.3.4 故障排除方法 36
    1.3.5 检查螺旋电缆(时钟弹簧) 39
1.4 安全气囊系统的维修特点及发展趋势 43
    1.4.1 气囊系统的维修特点 43
    1.4.2 汽车安全气囊的发展趋势 44

任务2 电动车窗不工作故障的检修 47

2.1 认识电动车窗 49
    2.1.1 电动车窗 49
    2.1.2 维修资料的使用 51
2.2 卡罗拉电动车窗检修 52
2.3 电动车窗电路的诊断与维修 58
    2.3.1 电路的诊断 58
    2.3.2 线路修理 60
2.4 新型电动车窗 63
    2.4.1 新型电动车窗的控制 63
    2.4.2 滑动天窗 65

任务3 中控锁不工作故障的检修 67

3.1 中央门锁控制系统维修 69
    3.1.1 大众车型中央门锁控制系统 69
    3.1.2 大众维修手册 74
3.2 识读电路图 75
    3.2.1 电路识图 75
    3.2.2 电源供给 80
3.3 车门锁检修 85
    3.3.1 数据流分析 85
    3.3.2 车门锁的拆装与测试 85
3.4 遥控器和智能系统 88
    3.4.1 遥控器的类型及原理 88
    3.4.2 遥控器电池的更换 91
    3.4.3 智能进入和启动授权系统 92

任务4 数据总线故障的检修 96

4.1 大众车型仪表控制系统 98
    4.1.1 仪表的功能 98
    4.1.2 汽车仪表未来的发展方向 98
4.2 认识汽车车载网络 99
4.3 数据流与波形 105
    4.3.1 数据流分析 105
    4.3.2 CAN 数据总线波形图 106
4.4 数据总线故障诊断方法 112

任务 1　安全气囊故障指示灯点亮故障的检修

工作任务	安全气囊故障指示灯点亮的故障检修	教学模式	任务驱动
建议学时	40 学时	教学地点	一体化实训室
学习目标	\multicolumn{3}{l}{1. 能够执行安全气囊检测的操作规程，树立良好的安全文明操作意识 2. 能够根据维修手册和其他资源分析气囊故障指示灯点亮的常见故障原因 3. 能够描述安全气囊电控部件的检查项目和技术要求 4. 能够主动获取信息，展示学习成果，对工作过程进行总结与反思，与他人进行有效沟通，团结协作 5. 能够运用所学知识，为顾客使用安全气囊提出合理化建议}		

	学习活动	活动内容
学习活动	学习活动 1　安全气囊故障指示灯点亮故障的初步检查与确认	1. 确认故障现象，并进行初步诊断 2. 识别安全气囊组成部件 3. 绘制安全气囊结构流程图 4. 展示学习成果并评价
	学习活动 2　安全气囊故障指示灯点亮故障的维修方案制订	1. 识读卡罗拉安全气囊控制电路图 2. 根据电路图册识别实车导线颜色 3. 绘制实车安全气囊电路图 4. 制订维修方案并展示、评价
	学习活动 3　安全气囊故障指示灯点亮故障的维修方案实施	1. 检测安全气囊控制主要线路 2. 检测安全带开关工作性能 3. 拆装螺旋电缆 4. 利用诊断仪分析数据流 5. 更换故障部件，修复线路，排除故障
	学习活动 4　安全气囊故障指示灯点亮故障的维修完工检验	1. 观察安全气囊指示灯，确认故障排除 2. 提出安全气囊及安全带使用的合理化建议 3. 总结工作思路，并展示、评价

续表

学习准备	1. 工具、设备：卡罗拉汽车或电器台架，工具车，万用表，试灯，诊断仪 2. 学习材料：维修工单，卡罗拉维修手册，卡罗拉用户手册，网络资源、白板笔、彩笔、展示板、图钉、磁铁、A2、A3、A4 纸、贴纸若干 3. 耗材：抹布若干、化清剂、汽油

▶ 任务描述

王先生早上驾驶卡罗拉轿车上班，在路过颠簸路面时，气囊指示灯突然点亮，现车辆进厂维修。作为维修技工，需要根据维修工单，查阅手册，使用诊断仪，参考相关资料检测并排除故障，恢复安全气囊系统的正常性能，为客户使用安全气囊提出合理化建议，并将检验合格的车辆交付前台。

任务 1　安全气囊故障指示灯点亮故障的检修

1.1　认识安全气囊

1.1.1　安全气囊知识介绍

1952 年，美国工程师 John W. Hetrick 因一场交通意外事故而得到启发，进而促使其着手相关研究工作。1953 年 8 月 18 日，他取得美国"辅助乘员保护系统"(Supplementary Restraint System，SRS)专利。

1971 年福特将安全气囊装在第一批实验车上，1974 年通用汽车率先在市售车装上驾驶座安全气囊，之后在前乘客座也装上安全气囊，并可依据撞击力道不同分两种充气模式。然而，克莱斯勒前董事长李·艾科卡(Lee Iacocca)在自传中曾说，20 世纪 70 年代的顾客只想要大马力大车身的汽车，对安全配备并不感兴趣，安全带使用率也很低，所以安全气囊没多久就从市场中消失。

1980 年 12 月，奔驰汽车 S 系列成为第一辆在欧洲正式销售配有气囊的汽车。1988 年克莱斯勒开始将旗下所有款车都装上安全气囊，并大作电视广告，示范安全气囊的效用，此时才真正开启汽车界安全配备的竞争。

1984 年，美国高速公路安全管理局制订《联邦汽车安全标准》(Federal Motor Vehicle Safety Standard，FMVSS)，在其第 208 条中增加安装安全气囊的要求。1995 年，正式经由美国国会(United States Congress)通过法案，提供明确的法则及指导方向，要求从 1995 年起新车的标准配备需要有双安全气囊。从 1997 年起，货车也比照办理。

1.1.2　安全气囊系统工作原理

1. 被动安全

车辆有两类安全要求：第一类是主动安全，它主要是指事故发生前的预防；另一类是被动安全，它是指在撞车时保护车辆的乘员。重要的是两者均要将座舱的损坏降到最小，同时使在车舱之内由乘员的惯性引起的二次碰撞所造成的损伤最小化，而车身所设有的撞击吸收结构、座椅安全带、SRS(辅助的系统)气囊等被用于完成此任务。其中，座椅安全带是主要约束乘员的措施，系好座椅安全带将防止在撞车期间乘员被抛出车外，也同时使座舱内发生的二次碰撞造成的损伤最小化。除了座椅安全带提供的保护外，SRS 可进一步对乘员进行防护，当发生严重的前面或侧面撞击时，SRS 气囊膨胀，与座椅安全带一起防止或减少伤害。

2. 安全气囊的操作

(1) 在碰撞中，气囊传感器检测撞击强度，当此强度超过中央气囊传感器总成(气囊传感器总成)的规定值时，充气机中的引燃器被点火。

(2) 引燃器点燃增强剂和气体发生剂颗粒，并立即产生大量气体。

(3) 气体使气囊膨胀，减少对乘员的撞击并迅速地通过袋子背后的排放孔泄出。

这减少了对气囊的撞击力，并且也确保了适当的视野。

安全气囊的工作原理框图如图 1-1 所示。当车辆发生碰撞时，安全气囊控制模块快速对信号做出处理。若确认发生碰撞的严重程度已超出安全带的保护能力，便迅速释放气囊，使乘员的头、胸部直接与较为柔软、有弹性的气囊接触，从而通过气囊的缓冲作用减轻乘员的伤害。安全气囊的工作过程如图 1-2 所示。

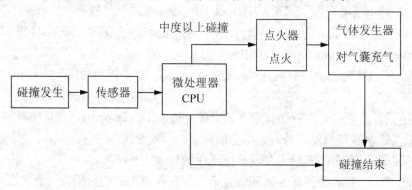

图 1-1　安全气囊的工作原理框图

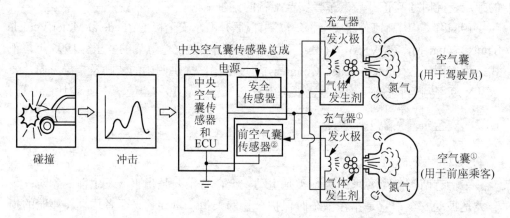

①仅限有前座乘客空气气囊的型号
②仅限某些型号

图 1-2　安全气囊的工作过程

一般来说，轻微的碰撞不会打开安全气囊，后碰、侧碰、翻转也不会引发安全气囊打开，只有在车辆正面一定角度范围内碰撞时，安全气囊才会打开。需要强调的是，安全气囊只是保护乘员安全的辅助设备，在不系安全带的情况下，安全气囊不但不能对乘员起到防护作用，还会对乘员有严重的杀伤力。安全气囊打开时的爆发力惊人，足以击断驾驶者的颈椎。因此，系好安全带是安全气囊发挥保护作用的一个重要条件。

早期的安全气囊为机械式安全气囊系统，现在国内外气囊厂家主要采用的是电子式安全气囊系统。基本型安全气囊系统包含了驾驶员、乘员正面保护安全气囊及

任务 1　安全气囊故障指示灯点亮故障的检修

安全带预紧装置。

电子式安全气囊系统的特点是由传感器感知车辆运动情况，由 MCU 监控并做出判断，判断当前的事件是否是严重碰撞事件，如果是严重碰撞事件则驱动气囊展开，保护驾乘人员的安全。安全气囊作用过程为：在碰撞发生后 0～20ms 内传感器将信号输送到中央电子控制器(ECU)，若经 ECU 判断后确认是严重碰撞，则引发气体发生器；在 20～60ms 内高温、高压气体(氮气)经过滤冷却进入气袋，气袋张开形成气垫，将乘员与车内装备隔开；在 60～100ms 后气袋排气孔打开，气囊泄气并收缩。气体的阻尼作用吸收了碰撞的能量，缓解了气囊对乘员头部和脸部的压力，乘员陷入较柔软的气囊中，从而得到保护。最后，气体全部从排气孔排出，气囊瘪下。气囊的工作情况如图 1-3 所示。

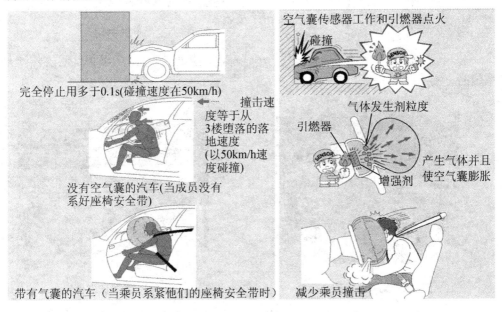

图 1-3　安全气囊的工作情况

由于安全气囊系统属于汽车安全部件，所以它所采用的电子器件均有较高的特殊性能要求，如需有精度高、可靠性好、抗干扰能力强等特点。

常规安全气囊的电子控制系统包括加速度传感器和 MCU 等。当前，国内外安全气囊厂家常用的安全气囊传感器为微机电系统(MEMS)传感器，MEMS 传感器的感应范围比较宽，可以感应 1G～100G 值的加速度，感应方向可从单轴向到三轴向，在正面、侧面、垂直 3 个方向感应汽车碰撞过程中的加速度变化，并输出模拟信号。

在气囊展开后，一些烟与氮气一起从袋子的背后排放孔释放出来，即使吸入也是无害的。但是当它接触到皮肤时，务必尽快清洗掉所有残余物以防止轻微的皮肤刺激。

① 当气囊展开时，可能会导致使轻微的擦伤、灼伤或肿胀。

② 气囊组件部分(方向盘、仪表板)会发热几分钟，但是气囊本身不会变热。

SRS 气囊只能使用一次。因此，使用后，气囊相关的零件需要更换。

安全气囊系统是一种安全保护装置，与安全带配合使用。但是，气囊不能代替安全带的作用，驾驶员和乘员必须一直系好安全带，并根据身体调整到最合适的状态。

安全气囊系统是为在车辆受到严重碰撞时保护车内乘员而设计的。如果碰撞作用力的方向和大小符合安全气囊系统的设计要求，则气囊将展开。

驾驶员/乘员前部系统的部件可能包括以下部分。

① 驾驶员侧充气模块，如图 1-4 所示，位于转向柱上。
② 乘员侧充气模块，如图 1-5 所示，位于乘员侧仪表台面下。
③ 提供通过转向柱给驾驶员充气模块电气连接的 SIR 螺旋线总成。
④ 感应和诊断模块(SDM)，安装在乘员舱。
⑤ 识别传感器，位于车辆前部。
⑥ 电子前部传感器(EFS)，安装于车辆前部散热器支架上(用于装备两段式气囊系统的车辆)。

图 1-4　驾驶员侧安全气囊

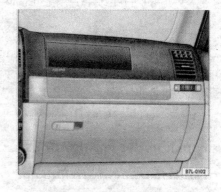

图 1-5　乘员侧安全气囊

如果车辆的安全气囊系统同时还有侧气囊或侧气帘系统，则需要另外的部件操作。侧气囊或侧气帘独立于前部气囊展开，侧气囊或侧气帘同样两侧也独立展开。

为了给侧面或侧气帘提供独立的操作，执行类似功能的若干部件将用到车上。侧面或侧气帘的部件可能包含左边的和右边的如下部件。

① 侧碰撞充气模块，位于门板或座椅侧。
② 侧碰撞传感模块(SISM)，位于各门或 B 柱。
③ 侧碰撞传感器(SIS)，位于 B 柱。
④ 侧气帘模块，位于两侧顶板内，从前挡风玻璃柱延伸到后挡风玻璃柱(装备侧气帘系统车辆)。

另外的部件可能被用来完善安全气囊系统的操作，这些部件包括：

① 座椅位置传感器。
② 座椅安全带传感器。
③ 乘员存在系统。

④ 乘员侧充气模块使用/关闭开关。
⑤ AIR BAG 指示灯。
⑥ 座椅安全带开关。
安全气囊系统部件位置示意图如图 1-6 所示。

3. 安全气囊系统说明

安全气囊系统为乘员提供了除安全带之外的辅助保护，是一种被动安全系统。它具有多个充气保护模块，分布在车辆的不同位置上，包括方向盘和仪表台。其中，每个充气保护模块都有一个点爆回路，该回路由安全气囊控制模块进行控制。安全气囊控制模块对安全气囊系统的电气部件进行连续诊断监测。当检测到系统故障时，安全气囊控制模块就设置一个故障诊断码，并启亮安全气囊指示灯，以通知驾驶员。利用安全气囊控制模块判断碰撞的严重程度，当信号值大于存储器中的设定值时，安全气囊控制模块发出点火指令，从而展开安全气囊系统相应的充气保护模块。

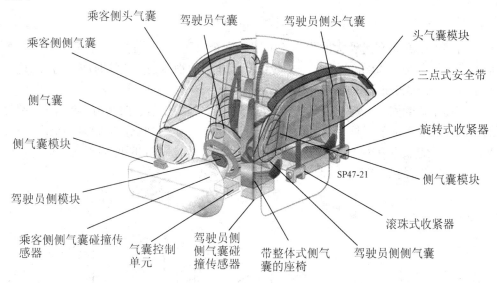

图 1-6　安全气囊系统部件位置示意图

在安全气囊控制模块确认碰撞信号后，会向 BCM 发送"碰撞解锁和断油"信号。如果 BCM 和 ECM 连续收到以上的信号，就会分别执行解锁和断油功能。

在严重的前部(或靠近前部)撞击事件中，安全气囊系统将引爆充气保护模块。当前部撞击满足如下条件时，充气保护模块将被系统引爆。

撞击位置从车辆中心线算起必须是在 60°的扇型区域之内(图 1-7)。该系统的设计使其在发生后部或侧面撞击或车辆翻滚时，充气保护模块不会发生引爆。

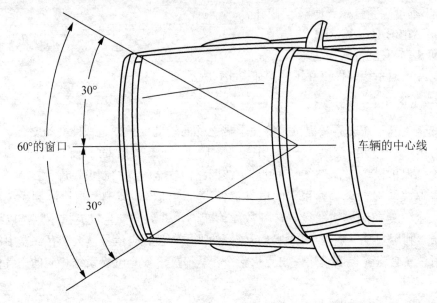

图 1-7　充气模块引爆的撞击位置

前部撞击必须有足够大的力量才能引爆安全气囊系统，它所需的最小力等于车辆以高于每小时约 20km 的速度与护栏或其他非运动物体迎头相撞时产生的力，这也等于以每小时 45km 的速度运动着的车辆撞上了一台静止的车辆。

有些车辆的安全气囊系统具备两级起爆功能，其工作示意图如图 1-8 所示。两级的气体发生器以放射式展开，且两级展开的时间有一定的间隔，间隔时间范围：5～40ms。气囊起爆根据碰撞的种类以及碰撞强度的不同，其间隔时间不同；但是，两级起爆在一次碰撞中都要执行。

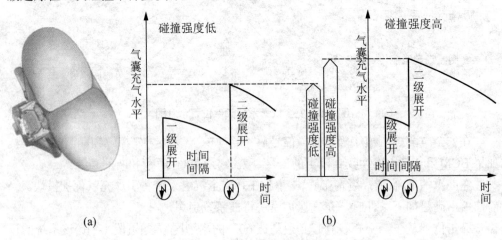

图 1-8　二级气囊工作示意图

1.1.3 卡罗拉车辆安全气囊故障诊断

查阅卡罗拉车辆维修手册 RS35～50 页，获取故障诊断的相关信息。

1. 诊断仪解码

1) 检查 DTC
(1) 将智能检测仪，如图 1-9 所示，连接到 DLC3。
(2) 将点火开关置于 ON(IG) 位置。
(3) 根据检测仪屏幕上的提示检查 DTC。
2) 清除 DTC
按检测仪屏幕上的提示清除 DTC。

图 1-9　智能检测仪

2. 跨接线解码

1) 检查 DTC(当前故障码)
(1) 将点火开关置于 ON(IG) 位置，并等待大约 60s。
(2) 使用短接线连接 DLC 端子 TC 和 CG，如图 1-10 所示。

 小心

将端子连接到正确位置，以避免发生故障。

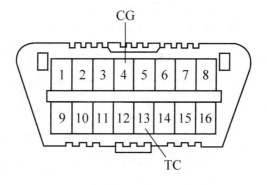

图 1-10　DLC 端子示意图

(3) 读取 DTC。

① 读取 DTC 的闪烁方式。例如，读取正常系统代码和故障码 11 和 31 的闪烁方式，如图 1-11 所示。

② 正常系统代码指示(无以前故障码)：灯每秒钟闪烁两次。当以前故障码存储在中央气囊传感器总成中时，灯每秒钟仅闪烁一次。

③ 故障码指示：第一次闪烁表示第一个 DTC。在停顿 1.5s 后，出现第二次闪烁。

④ 如果有 1 个以上的代码，则在每个代码之间将有 2.5s 的停顿。在显示所有代码后，将有 4.0s 的停顿，然后重复所有代码。

如果发现两个或更多故障，则指示将从编号较小的代码开始。

2) DTC 清除(使用跨接线)

(1) 当点火开关置于 OFF 位置时，可清除 DTC。

(2) 部分 DTC 需通过如下程序清除，如图 1-12 所示。

① 使用跨接线，连接 DLC3 的端子 TC 和 CG，然后将点火开关置于 ON(IG)位置。

② 在 DTC 输出后 3~10s 内，断开 DLC3 的端子 TC，并检查 SRS 警告灯是否在 3s 钟后亮起。

③ 在 SRS 警告灯亮起后 2~4s 内，连接 DLC3 的端子 TC 和 CG。

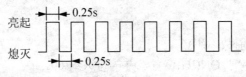

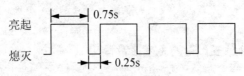

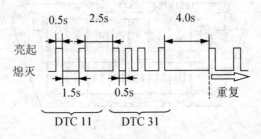

图 1-11　故障码显示方式

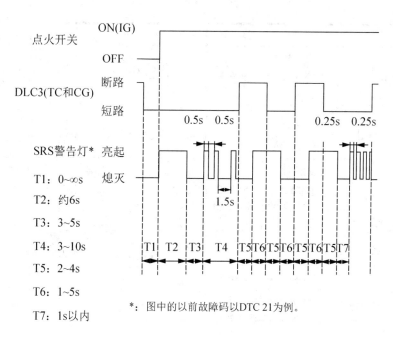

图 1-12 部分 DTC 清除程序

④ 在连接 DLC3 的端子 TC 和 CG 后 2~4s 内，SRS 警告灯应该熄灭。然后，在 SRS 警告灯熄灭后 2~4s 内，断开端子 TC。

⑤ 在断开端子 TC 后 2~4s 内，SRS 警告灯再次亮起。然后，在 SRS 警告灯亮起后 2~4s 内，重新连接端子 TC 和 CG。

⑥ 在连接 DLC3 的端子 TC 和 CG 后 2~4s 内，检查 SRS 警告灯是否熄灭，并检查在 SRS 警告灯熄灭后，1s 内是否有正常系统代码输出。

⑦ 如果 DTC 仍未清除，则重复此程序直至代码清除。

1.2 安全气囊电路

1.2.1 电路图识图基础

常见的电路术语及符号见表 1-1。

表 1-1 术语符号表

符　号	术　语	符　号	术　语
⊢⊢	蓄电池 存储化学能并将其转化为电能，给汽车的各个电路提供直流电	⏚	搭铁 指配线连接车身的点，给电路提供回路；如果没有搭铁，则电流不能流动

续表

符　号	术　语	符　号	术　语
	电容器 小型临时电压保持装置	1单丝	前大灯 电流使前大灯灯丝加热并发光，前大灯既可以有一根灯丝(1)，也可以有两根灯丝(2)
	点烟器 电阻加热元件	2双丝	
	断路器 断路器是一根可再次使用的保险丝，如果流经的电流过大，断路器将变热并断开。 冷却之后部分装置自动重新设定，而另一部分必须重新手动设定		喇叭 发出高频音频信号的电子设备
	二极管 仅允许电流单向流通的半导体		点火线圈 将低压直流电转换为点燃火花塞的高压点火电流
	稳压二极管 此二极管只在规定电压时允许电流单向流通，并阻止逆向流通。若超过该电压，则由其分流余压，可以简单起到调压器的作用		灯 流经灯丝的电流加热灯丝并使之发光
	光敏二极管 光敏二极管是根据光线数量控制电流的半导体		LED(发光二极管) 基于电流，这些二极管不同于一般的灯，它发光但不产生热量
	分电器，IIA 将高压电流从点火线圈引到每个火花塞		模拟型仪表 电流将起动一个电磁线圈，这将会导致指针的移动，从而提供一个与背景刻度相对照的相关显示

任务 1　安全气囊故障指示灯点亮故障的检修

续表

符　号	术　语	符　号	术　语
(中等电流保险丝) (大电流保险丝或保险熔丝)	保险丝 这是一个薄的金属片，如果流经的电流过大，则会熔断，从而切断电流来保护电路免受损坏 熔断丝 这是位于大电流电路中的粗导线，如果电负荷过大，则会熔断，从而保护电路，其中数字表示导线的横截面面积	FUEL	数字型仪表 电流起动 LED、LCD 或荧光显示屏中的一个或数个，将提供相关显示或数字显示
		M	电动机 这是将电能转换为机械能的电源装置，特别是对于旋转运动
1. 正常关闭 2. 正常打开	继电器 基本上，这是可以正常关闭(1)或打开(2)的电子操作开关。流经小线圈的电流将产生电磁场，从而打开或关闭附属的开关		扬声器 这是可以根据电流产生声波的机电设备
	双投继电器 这是电流流经一组接点或其他组的继电器	1. 正常打开 2. 正常关闭	手动开关 打开或关闭电路，从而停止(1)或流通(2)电流
	电阻器 这是具有固定电阻的电子元件，安装在电路中来将电压降低到规定值		双投开关 这是电流持续流经一组接点或其他组的开关
	抽头电阻器 这是有两个或多个不同不可调电阻金的电阻器		点火开关 这是键操作开关，它有数个位置允许各个路变为可操作，特别是初级点火电路
	滑变电阻器或可变电阻器 这是可调电阻比的可控电阻器，有时将之称为电位计或变阻器		
	传感器(热敏电阻) 此电阻器可以根据温度而改变其电阻		刮水器停止开关 当关闭刮水器开关时，此开关自动经刮水器返回到停止位置
(舌簧开关式)	转度传感器 此传感器使用电磁脉冲来打开和关闭产生起动其他部件的信号的开关		晶体管 这是典型的被用作电子式继电器的固体电路设备；根据"基数"提供的电压切断或流通电流

续表

符号	术语	符号	术语
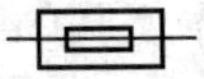 ▭	短接销 它用于在接线盒中提供不可断的连接	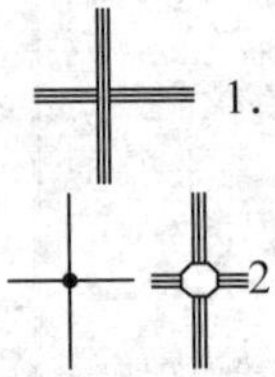 1. ✚ 未接合 2. ✚ 接合	配线 在电路图中，配线通常用直线表示。 在汇合处没有黑色圆点的交叉配线(1)没有接合； 在汇合处有黑色圆点或八角形(⊙)标记的交叉配线(2)接合
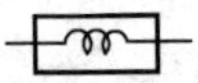 ⌇	电磁阀 这是电磁线圈，当电流流经时，会形成一个磁场来移动活塞等		

1.2.2 识读卡罗拉电路图

1. 卡罗拉电路图册

电路图册由电路图使用说明、故障排除基本诊断方法、常见英文缩写、常见电路符号及术语、继电器位置分布图、电路图、系统电路、搭铁点、电源、连接器表、连接器(或元器件)零件号以及总电路图组成，如图1-13所示。

COROLLA

电路图

	章节代码	页码
导言	A	2
如何使用本手册	B	3
故障排除	C	12
缩写	D	17
术语和符号表	E	18
继电器位置分布图	F	20
电路图	G	52
系统电路	H	71
搭铁点	I	328
电源(电流流程图)	J	336
连接器表	K	344
连接器零件号	L	366
总电路图	M	370

图1-13 卡罗拉电路图册的组成

任务1 安全气囊故障指示灯点亮故障的检修

2. 部分名词的含义

(1) 继电器位置分布图：保险丝、继电器、继电器盒、接线盒在车辆中的位置以及接线盒的端子分布。

(2) 电路图：各元器件或连接器、接地点在整车线束中的位置分布。

(3) 系统电路：各电控系统的分电路，例如 SRS 系统、照明系统、ABS 系统、发动机控制等。

(4) 连接器表：电路图和系统电路图中各元件的连接器分布图，包含连接器的名称、代码和端子分布等。

3. 系统电路的识读方法

以制动灯电路图为例，说明系统电路的识读方法，如图1-14、图1-15和图1-16所示。

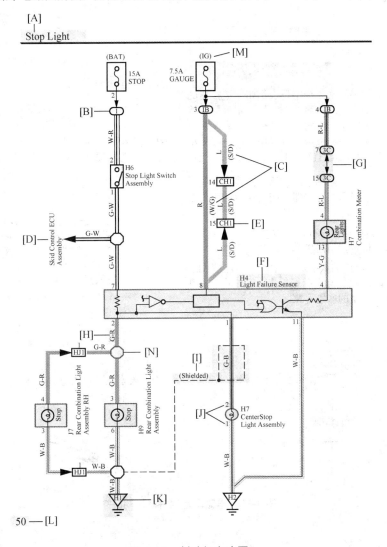

图1-14 制动灯电路图

[A]：系统名称

[B]：表示继电器盒。无阴影表示且仅显示继电器盒号以区别接线盒
　　例：① 表示1号继电器盒

[C]：当车辆型号、发动机类型或规格不同时，用（ ）来表示不同的配线盒连接器。

[D]：表示相关系统。

[E]：表示用以连接两根线束的(阳或阴)连接器的代码。该链接器代码由两个字母和一个数字组成。

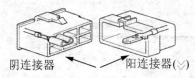

链接器代码的第一个字母表示带阴链接器的线束的字母代码；第二个字符表示呆样连接器的线束的字母代码；第三个字符表示在出现多种相同的线束组合时，用于区分线束组合的系列号(如CH1和CH2)。

符号 (∨) 表示阳端子连接器。连接器代码外侧的数字表示阳连接器或阴连接器的引脚编号。

[F]：表示零件(所有零件用天蓝色表示)。此代码与零件位置图中所用的低吗相同。

[G]：接线盒(圈内的数字是接线盒号，旁边为连接器代码)。接线盒用阴影标出，以便将它与其他零件清楚的区别开来。

例：

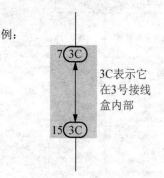

3C表示它在3号接线盒内部

[H]：表示配线颜色。
配线颜色用字母表示。

B=黑色　　　W=白色　　　BR=褐色
L=蓝色　　　V=紫色　　　SB=天蓝色
R=红色　　　G=绿色　　　LG=浅绿色
P=粉色　　　Y=黄色　　　GR=灰色
O=橙色

第一个字母表示基本配线颜色，第二个字母表示条纹的颜色。

例：　L-Y

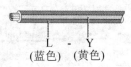

L － Y
(蓝色)(黄色)

[I]：表示屏蔽电缆

[J]：表示连接器引脚的编号。
阳连接器和阴连接器的编号系统各异。

例：从左上到右下　　　从右上到左下
　　依次标出编号　　　依次标出编号

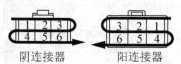

阴连接器　　　　　阳连接器

[K]：表示搭铁点。该代码由两个字符组成；即一个字母和一个数字。
该代码的第一个字符表示只是线束的字母代码；第二个字符表示在同一线束有多个搭铁点时作区别的系列号。

[L]：页码。

[M]：表示保险丝通电时的点火开关位置。

[N]：表示配线接点。

例：

图1-15　电路图常用符号说明(一)

[O] 系统概述

始终使电流通过制动保险丝加到制动灯开关总成的端子2上。

当打开点火或起动机开关总成时,电流从仪表保险丝流到灯故障传感器的端子8时,同时也流经后灯警告灯至灯故障传感器的端子4。

制动灯断开警告

打开点火或起动机开关总成并踩下制动踏板(制动灯开关总成ON),如果制动灯电路断路,且从灯故障传感器的端子7流到端子1、2的电流改变,则灯故障传感器检测到断开,且灯故障传感器的警告电路被激活。因此,电流从灯故障传感器的端子4流到端子11,再流到搭铁,并使后灯警告灯亮起。通过踩下制动踏板,流到灯故障传感器的端子8的电流使警告电路保持ON,并在关闭点火或起动机开关总成之前一直使警告灯亮起。

[P] ◯:零件位置

代码	参见页	代码	参见页	代码	参见页
H4	36	H7	36	H17	38
H6	36	H9	38	J7	38

[Q] ◯:继电器盒

代码	参见页	继电器盒(继电器盒位置)
1	18	1号继电器盒(仪表板左侧支架)

[R] ◯:接线盒线束连接器

代码	参见页	接线盒和线束(连接器位置)
3C	22	仪表板线束和3号接线盒(仪表板左侧支架)
IB	20	仪表板线束和仪表板接线盒(下装饰板)

[S] □:接线线束的连接器和线束

代码	参见页	连接线束和线束(连接器位置)
CH1	42	发动机室主线束和仪表板线束(左侧踏脚板)
HJ1	50	仪表板线束和地板线束(右侧踏脚板)

[T] ▽:搭铁点

代码	参见页	搭铁点位置
H1	50	左侧中柱下方
H2	50	背板中间

图1-16 电路图常见符号说明(二)

4. 识读卡罗拉安全气囊控制电路

(1) 在电路图册使用说明中,找出"系统电路图"所在的页码,例如在"第71页"。

(2) 在"系统电路图"中找出"安全气囊——SRS"所在的起始页码,如图1-17所示。系统电路图是按照英文字母顺序来编排系统名称的,且有英文缩写的排在前面。

(3) 当系统电路查看至结尾时,有该系统电路的说明,电路图中各元件的名称、位置等可在该说明中找到,并可根据该说明在相应的继电器盒、接线盒、连接器表中找出元器件或连接器的位置和端子分布。

系统电路 H

COROLLA
电路图
系统电路

	页码
ABS(不带VSC)	214
ABS(带VSC)	208
DLC3	120
ECT和A/T挡位指示器	198
EPS	258
SRS	219
TRC	208
VSC	208
安全带警告	228
车灯提醒器	188
车内照明灯	150
充电	98
导航系统	282
倒车灯	140
灯自动熄灭系统	180
点火	102
点烟器	276
电动车窗	254
电动座椅	278
电源	74
多路通信系统(CAN)	122
发动机控制	104
发动机停机系统(不带智能上车和起动系统)	118
防盗	248
后窗除雾器	270
后视镜加热器	270
后雾灯	164
滑动天窗	264
换挡锁止	226
空调(手动空调)	322
空调(自动空调)	314
喇叭	274
冷却风扇	310
门锁控制	240
起动(不带智能上车和起动系统)	96
前大灯(不带自动灯控)	130
前大灯(带自动灯控)	126
前大灯光束高度控制(手动)	172
前大灯光束高度控制(自动)	168
前大灯清洗器	192
前刮水器和清洗器	194
前雾灯	160
刹车灯	138
智能上车和起动系统	80

*发动机停机系统

图1-17 安全气囊——SRS在系统电路的页码

任务 1 安全气囊故障指示灯点亮故障的检修

(4) 系统电路符号说明。如图 1-18 所示,图中的符号各有不同含义。具体说明见表 1-2。

SRS

— System Outline —
* The system reaches an ignition judgment to deplay the following device based on the signale received from the front airbag sensor and deceleration sensor.
  Driver Airbag
  Front Passenger Airbag
  Seat Belt Pretensioner
* The system reaches an ignition judgment to deplay the following device based on the signals received from the side airbag sensors.
  Side Airbags
  Curtain Shield Airbags

◯ : Parts Location

Code	See Page	Code	See Page	Code	See Page
A10	52	E58	55	M4	60
A21	52	L4	59	M5	60
A47	57	L12	59	M6	60
A50	52	L13	59	M7	62
E7 A	54	L14	59	M8 B	57
E11	54	L15	62	M10	62
E14 A	54	L16 C	57	U1	57
E46	55	M2	60	Y3 B	57

◯ : Relay Blocks

Code	See Page	Relay Blocks (Relay Block Location)
1	22	Engine Room R/B(Engine Compartment Lelt)

◯ : Junction Block and Wire Harness Connector

Code	See Page	Junction Block and Wire Harness(Connector Location)
2B	28	Engine Room MainWire and Instrument Panel J/B(Cowl Side Lelt)
2E	28	Instrument Panel Wire and Instrument Panel J/B(Cowl Side Lelt)
2H		
2M	29	
2S		
4A		Instrument Panel Wire and J/B No.4(Instrument Panel Brace RH)
4B	40	
4C		

▢ : Connector Joining Wire Harness and Wire Harness

Code	See Page	Junction Block and Wire Harness(Connector Location)
AE3	65	Engine Room MainWire and Instrument Panel Wire(Lelt Side of the Instrument Panel)
AE4	65	
AE8	65	Engine Room MainWire and Instrument Panel Wire(Cowl Side Panel RH)
EM1	65	Instrument Panel Wire and Floor No.2 Wire(Right Kick Panel)
EU1	65	Instrument Panel Wire and Instrument Panel WireAssembly(Near the Front Passenger's Airbag)

▽ : Ground Points

Code	See Page	Ground Points Location
AE3	65	Left Kick Panel
AE4	65	Left Side of the Instrument Panel
AE8	66	Right Center Pillar

图 1-18 安全气囊——SRS 系统电路说明

表 1-2 电路图符号说明

符 号	◯	▢(圆角)	▢(灰底圆角)	▢	▽
形 状	圆形	巨型圆角	巨型圆角带灰底色	巨型	三角形
含 义	元件位置	继电器盒	接线盒和连接器	连接器和转接头	接地点
举 例	"A10"表示元件代码也表示插头代码	"1"表示 1 号继电器盒	"2B"表示 2 号接线盒的 B 插头	"AE3"表示连接线束两端的转接头 AE3	"E2"表示接地点 E2

(5) 根据系统符号说明，找出保险丝、继电器。如图 1-19 所示，根据系统电路说明，在电路图册中有关于 1 号继电器盒的保险丝、继电器位置分布图，并可以在实车继电器盒的左列第 3 号位置找到仪表 ECU 的"ECU-B 10A"保险丝。

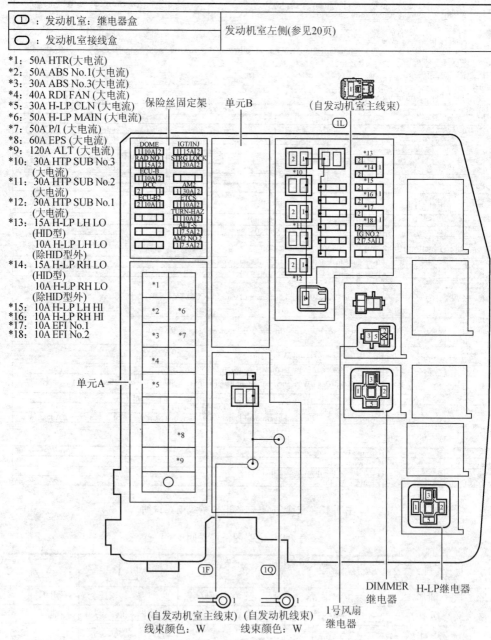

图 1-19 保险丝、继电器位置分布图

(6) 根据系统符号说明,查看接线盒的插头端子分布。如图 1-20 所示,根据系统电路说明,在电路图册中有 2 号接线盒(仪表板接线盒)的插头分布,并可以在实车接线盒找出各插头的端子分布及相应导线颜色。

F 继电器位置分布图

⬭:仪表板接线盒	前围左侧

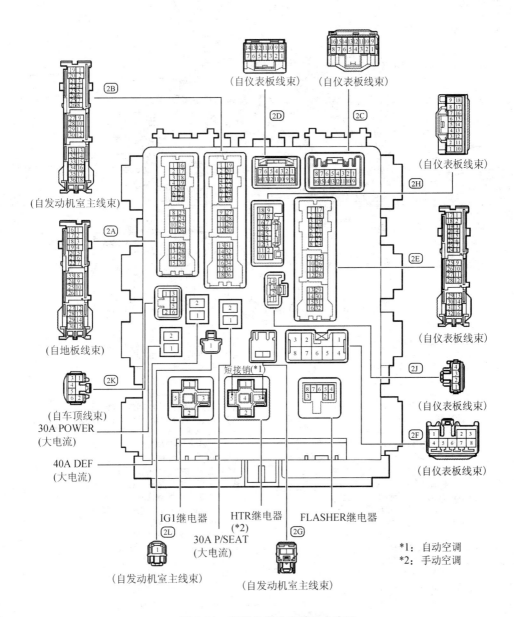

图 1-20 接线盒插头和端子分布图

(7) 根据系统符号说明,查看各元件插头、连接器在整车线束的分布。如图1-21所示,根据系统电路说明,要查看A10(前气囊传感器)插头或元件的位置,在电路图册中的发动机线束中可找到,并可以在实车线束中找到对应的插头和元件。

G 电路图

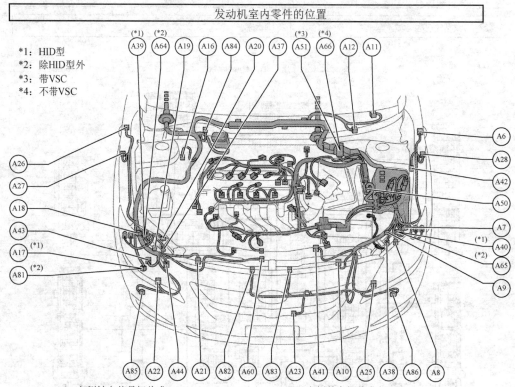

发动机室内零件的位置

*1: HID型
*2: 除HID型外
*3: 带VSC
*4: 不带VSC

A6 左侧转向信号灯总成
A7 左前转向信号灯(左侧前大灯总成)
A8 左前示宽灯(左侧前大灯总成)
A9 左侧前大灯光束高度调整电动机
   (左侧前大灯总成)
A10 左前气囊传感器
A11 挡风玻璃刮水器电动机总成
A12 制动液液位警告开关
   (制动主缸储液罐分总成)
A16 空调压力传感器
A17 挡风玻璃清洗器电动机和泵总成
A18 右前转向信号灯(右侧前大灯总成)
A19 右前示宽灯(右侧前大灯总成)
A20 右侧前大灯光束高度调整电动机
   (右侧前大灯总成)
A21 右前气囊传感器
A22 右侧雾灯总成
A23 环境温度传感器
A25 左侧雾灯总成
A26 右侧转向信号灯总成
A27 右前转速传感器
A28 左前转速传感器

A37 右侧前大灯总成(远光)
A38 左侧前大灯总成(远光)
A39 右侧前大灯总成(近光)
A40 左侧前大灯总成(近光)
A41 2号冷却风扇ECU
A42 遥控门锁蜂鸣器
A43 前大灯清洗器控制继电器
A44 前大灯清洗器喷嘴电动机和泵总成
A50 ECM
A51 制动器执行器总成
A60 发动机盖锁总成
A64 右侧前大灯总成(近光)
A65 左侧前大灯总成(近光)
A66 制动器执行器总成
A81 挡风玻璃清洗器电动机和泵总成
A82 低音喇叭总成
A83 高音喇叭总成
A84 警报喇叭总成
A85 1号右前超声波传感器
A86 1号左前超声波传感器

图1-21 发动机线束分布图

(8) 根据系统符号说明,查看接地点的位置。如图 1-22 所示,根据系统电路说明,要查看 E1 接地点的位置,在电路图册中的驾驶室线束中可找到,并可以在实车线束中找到对应的插头和元件。

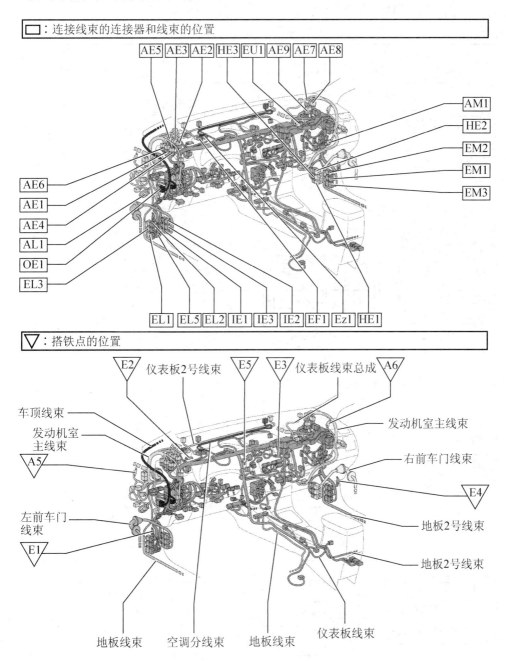

图 1-22　接地点线束分布图

(9) 根据"连接器表",查看连接器端子分部。根据电路图使用说明,连接器的端子在卡罗拉电路图册组成图中,且按英文字母和阿拉伯数字排序,逐页查找,便可找到需要的端子分布,且配有插头代码和颜色说明、阴阳端子对比。如图 1-23 所示,可找到连接器 AE6 的端子分布。

K 连接器

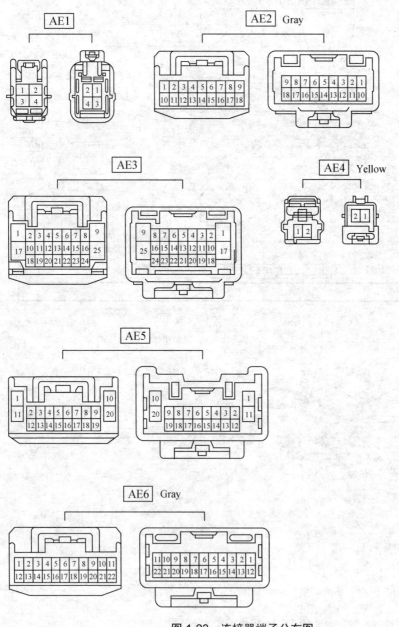

图 1-23 连接器端子分布图

1.2.3 安全气囊系统部件介绍

1. 安全气囊控制模块

安全气囊控制模块(SDM)是一个微处理器,它是安全气囊系统的控制中心,外形与结构如图 1-24 所示。

当车辆发生碰撞时,安全气囊控制模块将检测的碰撞信号与存储器中的数值进行比较。当生成的信号值超过存储数值时,安全气囊控制模块向各点火回路发出点火命令(电流信号),以展开安全气囊。当安全气囊展开时,安全气囊控制模块会记录安全气囊系统的状态,并点亮组合仪表上的安全气囊指示灯。当汽车启动后,安全气囊控制模块会对安全气囊系统的电气部件和电路进行连续诊断监测,如果安全气囊控制模块检测到故障,就会存储一个故障诊断码,并点亮安全气囊指示灯,以通知驾驶员有故障存在。安全气囊控制模块工作原理如图 1-25 所示。

(a) 侧面图

(b) 正面图

(c) 内部结构图

图 1-24 安全气囊控制模块外形与结构

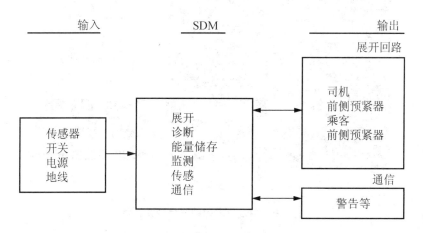

图 1-25 安全气囊控制模块工作原理框图

安全气囊控制模块(SDM)。

(1) SDM 控制安全气囊系统的操作，安全气囊系统操作相关的部件为：

① 向 SDM 提供信息的输入。

② 执行安全气囊系统操作相关功能的输出。

(2) SDM 提供安全气囊系统操作的多个功能。

① 持续监视安全气囊电气线路的操作状况。

② 提供内部碰撞传感。

③ 能量储存。SDM 储存 23V·A(伏安，1V·A=1W)的能量，它提供安全气囊展开的能量。如果 23V·A 回路储存出现故障，则点火电压也可提供安全气囊展开所需能量。

④ 撞击检测。安全气囊控制模块监视车辆的速度改变以检测出需要安全气囊展开的剧烈正面撞击。

⑤ 气囊展开。当撞击力足够大时，安全气囊控制模块将释放足够大的电流流过合适的充气装置模块，并使气囊展开。

⑥ 记录碰撞数据。在撞击过程中 SDM 将记录与安全气囊系统状态有关的数据。

⑦ 功能失效检测。SDM 对安全气囊系统的电气部件进行诊断监控，在检测出电路故障后 SDM 将设置相应的故障诊断码(DTC)。

⑧ 功能失效诊断。SDM 可使用故障诊断仪进行诊断。

⑨ 驾驶员警示。SDM 通过数据总线控制仪表组件中的气囊警示灯，警示驾驶员安全气囊系统出现的功能失效。

2. 安全气囊指示灯

组合仪表的安全气囊指示灯如图 1-26 所示。

(a) 安全气囊指示灯在仪表中的位置

(b) 驾驶员安全气囊指示灯

(c) 乘员气囊指示灯

图 1-26　组合仪表内的安全气囊指示灯

安全气囊指示灯位于组合仪表总成内，用于向驾驶员通知安全气囊系统故障，并检验安全气囊控制模块是否正在与仪表板通信。当转动点火开关至 ON 位置时，确认指示灯点亮。在 3～6s 后，指示灯熄灭，如果此时指示灯仍然保持常亮，未熄灭或闪烁,则必须检查整个安全气囊系统线路存在的故障。当安全气囊系统线路连接不存在问题时,指示灯在3～6s长亮后熄灭。当警告灯亮起时,警告驾驶员电气系统有故障功能失效,可能会影响附加充气保护装置的作用。某些故障会导致:未受碰撞时,气囊展开;受碰撞时,气囊不能展开;或状态严重程度不够时,气囊展开。

安全气囊指示灯是警告驾驶员附加充气保护装置功能失效的关键。

3. 前部安全气囊系统

前部安全气囊系统一般包括驾驶员气囊和乘员气囊。驾驶员气囊、乘员气囊模块包括一个壳体、充气式安全气囊、一个点火引爆装置以及气体发生剂,外形如图1-27所示。充气装置模块由一个充气式气囊和充气装置组成。充气装置是由一个装有气体生成材料的罐和一个触发装置组成的,其中触发装置是展开回路的一部分。当车辆遇到足够大力的正面碰撞时,要发生展开,许多因素都必须考虑进去,例如其他车辆(如果牵扯进碰撞)的碰撞区域、它的质量和速度将促成对撞击力的增加还是减少等。在碰撞中,气囊传感器检测撞击强度,当此强度超过中央气囊传感器总成(气囊传感器总成)的规定值时,SDM 在展开回路中产生电流。电流通过触发装置点燃增强剂和气体发生剂颗粒,并立即产生大量气体,化学反应所生成的气体快速使气囊充气。

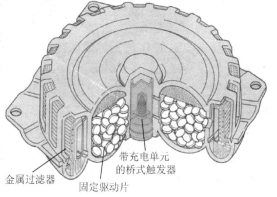

(a) 驾驶员安全气囊正面　　　　　(b) 驾驶员安全气囊内部结构

图1-27　驾驶员安全气囊

该反应生成的气体使安全气囊迅速充气膨胀。当安全气囊被充入气体后,减少对乘员的撞击,并迅速地通过袋子背后的排放孔泄出。这减少了对气囊的撞击力,并且也确保了适当的视野。安全气囊控制模块线束连接器端子(驾驶员气囊、乘员气囊展开回路)都有一根短路片。当连接器断开时,短路条将短接安全气囊充气模块展开回路,以防止安全气囊在维修时意外展开。

4. 侧碰撞气囊系统

侧碰撞气囊系统的目的是当发生侧面碰撞时对驾驶员和前排乘员提供额外的保护。侧碰撞气囊位于车门上或座椅靠背外侧,如图1-28(a)所示。

在一些车辆应用上,侧碰撞气囊位于后座椅靠背外部,对后座外侧乘员提供保护。

像前部安全气囊系统一样，侧碰撞气囊的展开取决于碰撞的角度和位置。若车辆侧面受到足够的碰撞，那么将展开侧碰撞气囊。如果碰撞发生在车辆的前部或后部，则侧碰撞气囊将不会展开。

5. 侧气帘气囊系统

侧气帘气囊系统是被通用汽车用在一些车辆上的最新气囊系统。侧气帘安全气囊通过保护头部从而提高了在发生侧面碰撞或翻滚时对乘员的保护水平，如图1-28(b)所示。

(a) 座椅侧气囊图

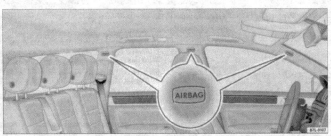
(b) 侧气帘气囊图

图1-28　侧面气囊图

安全气囊安装在B柱顶部沿着侧气帘的位置，展开时向下伸展到驾驶舱。当它展开时，气囊蔓延到整个驾驶舱的长度，来保护前后乘员。

如果侧碰撞足够展开气囊，则当侧气帘和侧气囊同时使用且车辆受到侧面碰撞时，侧气帘将随侧气囊一起展开。

6. 后排座乘员用安全气囊

近年来，由于对后排座乘员的安全防护的重视，所以在后排座椅上不仅安装了安全带，而且还在前排座椅的后面安装了保护后排座乘员的安全气囊。

后排座乘员安全气囊在结构上同其他安全气囊基本相同，其体积通常可达100L。在车辆发生碰撞并引爆后，安全气囊便在后排座乘员与前排座椅间形成一个防护气垫，从而达到对后排座乘员的保护作用。

7. 螺旋电缆(时钟弹簧)

安全气囊时钟弹簧在转向柱上，并位于转向盘的下方。时钟弹簧可以在转向盘转动时，使驾驶员展开回路和驾驶员气囊之间保持连续的电接触。时钟弹簧线圈由两个或更多的载流线圈组成。时钟弹簧线圈如图1-29所示。该模块线圈与转向柱相连，其中两个载流线圈可在方向盘转动的同时，保持正面撞击展开回路与充气保护装置方向盘模块的接触。

任务1　安全气囊故障指示灯点亮故障的检修

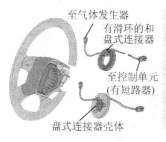
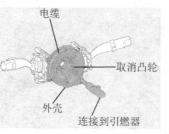

(a) 时钟弹簧结构图　　　　　　　　　　(b) 时钟弹簧实物图

图 1-29　时钟弹簧线圈

时钟弹簧的注意事项如下：

(1) 从车身到方向盘使用一个时钟弹簧作为电气接头。

(2) 时钟弹簧由旋转器、外壳、电缆、取消凸轮等组成。其中，外壳安装在组合开关总成中，旋转器和方向盘一起转动。

电缆长 4.8m 并存放在外壳内部，因此有某些松弛。电缆的一端被固定到外壳上，而另一端被固定到旋转器上。当方向盘向右或左转动时，因为电缆有松弛的余量，时钟弹簧可转动 2.5 圈*(*按照车型，有所不同)。

8. 安全带

(1) 机械式安全带张紧装置。如图 1-30 所示，机械式安全带张紧装置是不带触发器的。

(2) 安全带预紧器。点火式安全带张紧装置属于安全带预紧器中的一种，是带有触发器的，如图 1-31 所示。

安全带预紧器可能会作为安全气囊系统的一部分用在一些车上。预紧器安装在前面驾驶员和乘员座椅安全带的底部。预紧器的展开取决于车辆撞击的强度，预紧器展开以从座椅安全带移走所有的松弛的部分，当气囊展开时预紧器将立即先于气囊展开，以帮助固定乘员的位置，如图 1-32 所示。

图 1-30　机械式安全带张紧装置

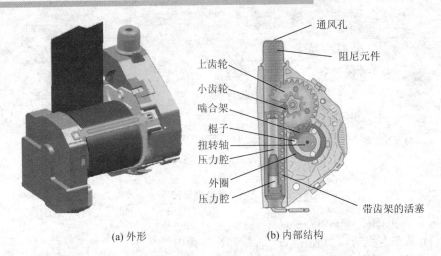

图 1-31 安全带预紧器

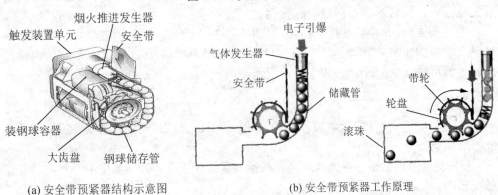

图 1-32 安全带预紧器工作图

9. 安全气囊系统线束

安全气囊系统线束通过防水型连接器将控制单元、充气模块、展开回路和数据电路连接在一起。安全气囊系统展开回路连接器为黄色,以便识别,如图 1-33 所示。

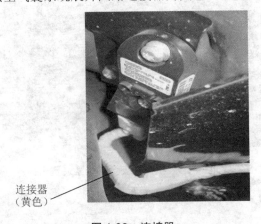

图 1-33 连接器

1.3 安全气囊故障的排除

1.3.1 检查 SRS ECU 电源供应

(1) SRS 警告灯位于组合仪表总成上。当 SRS 正常时,将点火开关从 OFF 位置转到 ON(IG)位置,SRS 警告灯亮起约 6s,然后自动熄灭。

(2) 如果 KEY ON,则中央气囊传感器总成(SRSECU)对 SRS 各部件进行自检,当检测有故障时通过 CAN 总线通知仪表总成,点亮 SRS 警告灯。

(3) 如果 KEY ON,SRS 警告灯始终不亮,则检查 SRS 控制电路,如图 1-34 所示,包含电源、接地和 CAN 总线,总线故障通常可由诊断仪读取。

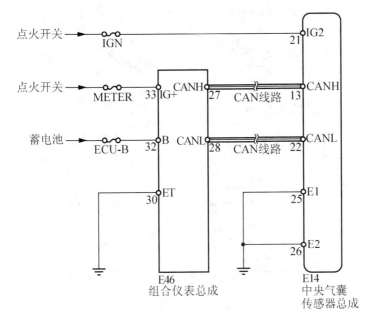

图 1-34 SRS ECU 电源供应电路图

1.3.2 连接器断开与连接

参考卡罗拉维修手册 RS8~RS15 页,获得相关连接器的拆装信息。

(1) 端子双锁机构。连接器由外壳和扣板两部分组成。

这种设计通过两部分锁止装置(挡板和矛件)固定端子防止端子断开,如图 1-35 所示。

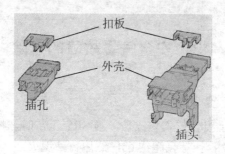

图1-35 断开双锁机构

(2) 气囊触发锁止机构。

各连接器包含一个短路弹簧片。当连接器脱开时,短路弹簧片自动地连接引燃器的正(+)端子和负(-)端子,如图1-36所示。

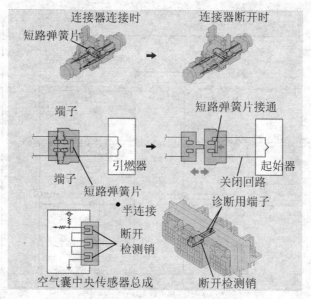

图1-36 触发锁止机构断开

(3) 电气连接检验机构。此机构检验连接器的连接是否正确和畅通。

电气连接检验机构的工作原理是当连接器壳被锁定时,断开检测销与诊断端子相连接。

(4) 断开方向盘装饰盖、前排乘客气囊总成(点火管侧)、窗帘式安全气囊总成和前排座椅外安全带总成的连接器,如图1-37所示。

① 在螺丝刀头部缠上胶带。

② 用螺丝刀松开连接器锁止按钮(黄色部分)。

③ 将螺丝刀头部插入连接器和底座中间,然后撬起连接器。

任务 1　安全气囊故障指示灯点亮故障的检修

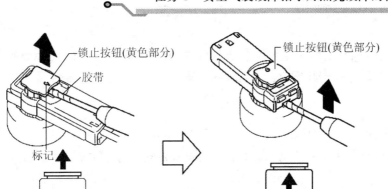

图 1-37　点火管连接器断开

(5) 连接方向盘装饰盖、前排乘客气囊总成(点火管侧)、窗帘式安全气囊总成和前排座椅外安全带总成的连接器。

① 连接连接器，如图 1-38 所示。

② 完全按下连接器的锁止按钮(黄色部分)(在锁止时，会听见一声咔嗒声)。

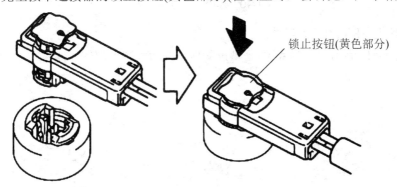

图 1-38　点火管连接器连接

(6) 断开螺旋电缆的连接器(仪表板线束侧)。将手指放到滑块上，滑动滑块以解除锁止，然后断开连接器，如图 1-39 所示。

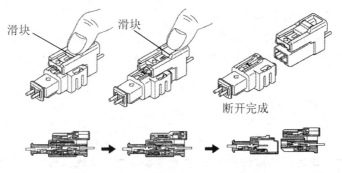

图 1-39　螺旋电缆连接器断开

(7) 连接螺旋电缆的连接器(仪表板线束侧)。按图 1-40 所示连接连接器(在锁止时,确保滑块返回到其原位,并听见咔嗒声)。

当连接时,滑块会滑动。此时,切勿触碰滑块,否则可能会导致连接不牢固。

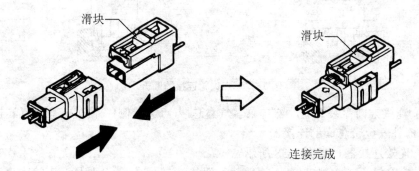

图 1-40　螺旋电缆连接器连接

(8) 断开 SRS ECU 连接器。

如图 1-41 所示,推动 A 部分以拉动杆,并断开固定架(带连接器)。

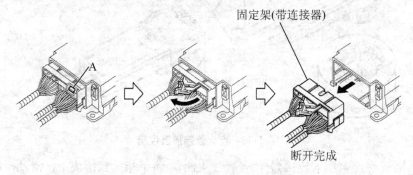

图 1-41　SRS ECU 连接器断开

(9) 连接 SRS ECU 连接器。

① 将固定架(带连接器)牢牢插入中央气囊传感器总成中,直到不能继续推入。

② 推动锁板以连接固定架(带连接器)(锁止时,会听见一声咔嗒声),如图 1-42 所示。

在连接时,固定架将滑向中央气囊传感器总成;在连接时,切勿握住固定架,以防安装不牢固。

任务 1　安全气囊故障指示灯点亮故障的检修

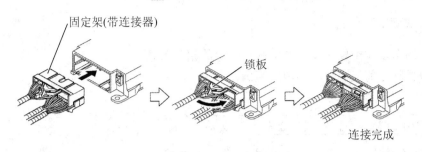

图 1-42　SRS ECU 连接器连接

1.3.3　故障模拟

安全气囊的常见故障原因多为接插器连接不可靠,排除接触不良故障有效的方法是振动法,如图 1-43 所示。
(1) 将点火开关置于 ON(IG)位置。
(2) 用手指轻轻晃动怀疑是故障起因的传感器部件,并检查是否出现故障。

提示

过于用力晃动继电器可能会导致继电器断路。
(1) 在垂直和水平方向轻轻晃动连接器。
(2) 在垂直和水平方向轻轻晃动线束。
(3) 连接器接头和振动支点是需要彻底检查的主要部位。

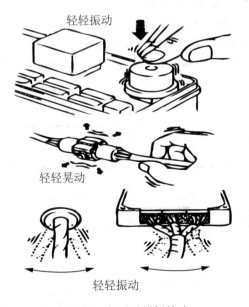

图 1-43　振动法模拟故障

1.3.4 故障排除方法

查阅卡罗拉维修手册，获取故障排除的相关信息。
以排除右前气囊传感器故障为例。

(1) 读取故障代码。

B1612/83　　右前气囊传感器失去通信

(2) 分析右前气囊传感器电路图，如图 1-44 所示。

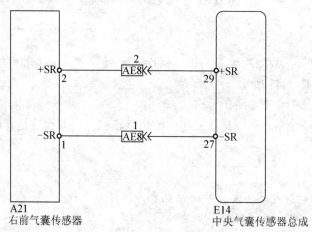

图 1-44　右前气囊传感器电路图

(3) 检查右前气囊传感器短路。
① 断开右前气囊传感器和 SRS ECU 连接器。
② 连接发动机室主线束和仪表板线束的连接器。
③ 短接连接器 B 的端子 29(+SR)和 27(-SR)，如图 1-45 所示。
④ 根据表 1-3 中的值测量电阻。

表 1-3

检测仪连接	开关状态	规定状态
A21/2 (+SR)–A21/1 (–SR)	始终	小于 1Ω

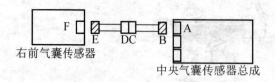

图 1-45　右前气囊传感器短路检查

(4) 检查右前气囊传感器短路。

检查传感器内部短路。

① 断开右前气囊传感器和 SRS ECU 连接器。

② 连接发动机室主线束和仪表板线束的连接器。

③ 根据表 1-4 中的值测量电阻。

表 1-4

检测仪连接	开关状态	规定状态
A21/2 (+SR)–A21/1 (-SR)	始终	1MΩ或更大

检查右前气囊传感器短路(对 B+短路)。

① 将负极(-)电缆连接至蓄电池。

② 将点火开关置于 ON(IG)位置。

③ 根据表 1-5 中的值测量电压。

表 1-5

检测仪连接	开关状态	规定状态
A21/2 (+SR) –搭铁	KEY ON	低于 1V
A21/1 (-SR) –搭铁	KEY ON	低于 1V

检查右前气囊传感器短路(对地短路),如图 1-46 所示。

① 将点火开关置于 OFF 位置。

② 断开蓄电池负极(-)电缆,等待至少 90s。

③ 根据表 1-6 中的值测量电阻。

表 1-6

检测仪连接	开关状态	规定状态
A21/2 (+SR) –搭铁	始终	1MΩ或更大
A21/1(-SR) –搭铁	始终	1MΩ或更大

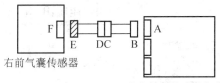

线束连接器前视图:(至右前气囊传感器)

连接器E

图 1-46 右前气囊传感器短路检查

(5) 互换传感器。

① 将连接器连接到中央气囊传感器总成上。

② 互换右前、左前气囊传感器,并将连接器连接到这两个传感器上,如图 1-47 所示。

③ 将负极(-)电缆连接至蓄电池。

④ 将点火开关置于 ON(IG)位置,等待至少 60s。

⑤ 清除存储器中的 DTC。

⑥ 将点火开关置于 OFF 位置。

⑦ 将点火开关置于 ON(IG)位置,等待至少 60s。

⑧ 检查是否有 DTC。

⑨ 根据表 1-7 进行诊断。

表 1-7

故障显示	处理方法
仍旧显示 B1612/83 右前传感器无通信	检查仪表板线束
显示 B1612/84 左前传感器无通信	更换右前气囊传感器

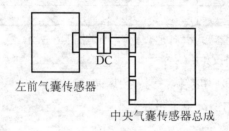

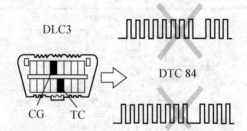

图 1-47 左、右前气囊传感器互换检查

(6) 检查仪表板线束。

① 断开右前气囊传感器和 SRS ECU 连接器。

② 将仪表板线束连接器从发动机室主线束上断开,如图 1-48 所示。

任务 1 安全气囊故障指示灯点亮故障的检修

提示

① 短接连接器 B 的内部端子。
② 根据表 1-8 中的值测量电阻。

表 1-8

检测仪连接	开关状态	规定状态
AE8/2 (+SR) -AE8/1 (-SR)	始终	小于 1Ω

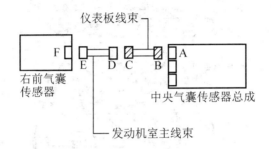

图 1-48 仪表板线束检查

1.3.5 检查螺旋电缆(时钟弹簧)

(1) 拆卸螺旋电缆。
① 拆卸带转向角传感器的螺旋电缆(带驻车辅助监视系统)。
② 从带转向角传感器的螺旋电缆上断开连接器。

提示

在处理气囊连接器时,小心不要损坏气囊线束。

③ 脱开 3 个卡爪，并拆下带转向角传感器的螺旋电缆，如图 1-49 所示。

(2) 拆卸螺旋电缆。

脱开 6 个卡爪和 2 个销，并将螺旋电缆从转向角传感器上拆下，如图 1-50 所示。

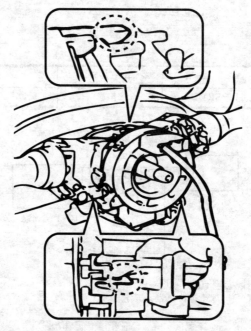

图 1-49 带转向角度的螺旋电缆

(3) 检查螺旋电缆。

① 按照图 1-51 所示的端子分布，检测相应端子的电阻。

② 为避免螺旋电缆损坏，在转动螺旋电缆时不要超过必要的圈数。

③ 如果数值不在规定的范围内，则更换螺旋电缆。

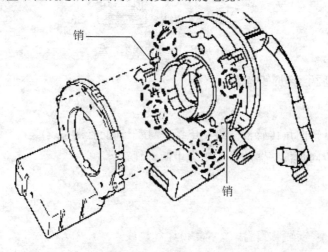

图 1-50 取下螺旋电缆

表 1-9

检测端子	中　　央	向左转 2.5 圈	向右转 2.5 圈
Y1/1-E6/8(HO)	小于 1Ω	小于 1Ω	小于 1Ω
Y1/1-E6/3(CCS)	小于 1Ω	小于 1Ω	小于 1Ω
Y1/2-E6/4(ECC)	小于 1Ω	小于 1Ω	小于 1Ω
Y1/5-E6/12(IL2)	小于 1Ω	小于 1Ω	小于 1Ω
Y1/8-E6/4(EAU)	小于 1Ω	小于 1Ω	小于 1Ω
Y1/9-E5/4(AU2)	小于 1Ω	小于 1Ω	小于 1Ω
Y1/10-E6/6(AU1)	小于 1Ω	小于 1Ω	小于 1Ω
Y3/1-E7/2(D-)	小于 1Ω	小于 1Ω	小于 1Ω
Y3/2-E7/1(D+)	小于 1Ω	小于 1Ω	小于 1Ω

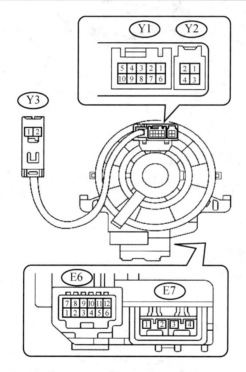

图 1-51　螺旋电缆端子分布图

(4) 安装螺旋电缆。

调整螺旋电缆。

① 将前轮转向正前位置。

② 检查并确认点火开关置于 OFF 位置。

③ 检查并确认蓄电池负极(-)电缆已断开。

注意

断开电缆后等待90s,防止气囊展开。

④ 如图1-52所示,用手逆时针缓慢旋转螺旋电缆,直至感觉牢固。

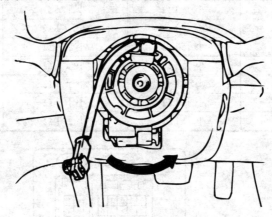

图1-52 逆时针转动螺旋电缆

 小心

不要通过气囊线束来转动螺旋电缆。

⑤ 顺时针旋转螺旋电缆约2.5圈,以对准定位标记,如图1-53所示。

 小心

不要通过气囊线束来转动螺旋电缆。

 提示

将螺旋电缆从中心往左右旋转约2.5圈。

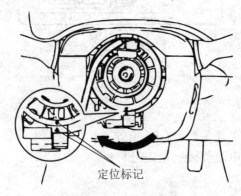

图1-53 定位标记图

1.4 安全气囊系统的维修特点及发展趋势

1.4.1 气囊系统的维修特点

(1) 气囊系统只能工作一次,发生事故被引爆后的气囊必须更换,为安全起见,气囊系统的所有元件也需更换。气囊系统经 10 年后必须送维修厂更换,更换日期一般贴在遮阳镜的下面或在工具箱上的标签上。

(2) 不要让碰撞传感器、SRS 电脑、方向盘衬垫、前座乘员安全气囊总成或座位安全带收紧器直接暴露在热空气中或接近火源。在使用喷灯或焊接设备时,不得靠近充气装置,以防引起安全气囊自动充气。一般来说,宜用高阻抗(至少 10kD/V)万用表检测电路。在维修工作完成后,应检查 SRS 警告灯。

(3) 发生过碰撞且 SRS 系统已触发的碰撞传感器不可重复使用。无论是左侧或右侧,甚至中间碰撞传感器都应同时更换。在安装碰撞传感器时,传感器上的箭头应朝向车辆前方。碰撞传感器的定位螺栓是经过防锈处理的。当传感器被拆下后,必须换用新的定位螺栓。当接上连接器时必须将电气检测机构可靠锁住,否则诊断系统上会检测出故障码。

(4) 当拆卸方向盘安全气囊总成时,应将方向盘衬垫顶面向上正置,不可翻转倒置。在搬动新的方向盘衬垫时,也务必注意将其顶面朝上。方向盘衬垫上不得涂润滑脂,不得用任何类型的洗涤剂清洗,且方向盘衬垫总成应放在环境温度低于 93℃、湿度不高且远离电场干扰的地方。当车辆报废或仅报废方向盘衬垫机构时,在废弃前用专用工具使气囊触发张开,且操作时应选择在远离电场干扰的地方进行。

(5) 切不可用万用表去测量安全气囊电雷管的电阻,因为微小电流即可引爆电雷管,使安全气囊充气。在安装螺旋接线器时,必须将其预置在中间位置,使方向盘在由中间位置向左右两个方向各转 2.5 圈时不致拉断螺旋导线或引起其他故障。

(6) 安全气囊总成应存放在环境温度低于 93℃、湿度不高并远离电场干扰的地方。当用电弧焊时,必须先脱开气囊连接器才可开始工作。当车辆报废或前座乘员安全气囊总成报废时,在报废前应使安全气囊触发张开,以避免其意外引爆而伤人。当操作引爆时,应选择在远离电场干扰的地方进行。

(7) 当存放拆下的或新的安全带时,双锁式连接器锁柄应处于销定位置,务必注意不能损坏连接器。切不可用万用表测量座位电动安全带收紧器的电阻,以防收紧器被触发。安全带上不得沾油或水,不得用任何类型的洗涤剂清洗,必须先脱开连接器后才可电弧焊。该连接器安装在前车门框板下和地毯下面。当车辆报废或仅报废安全带时,在报废前应使安全带收紧器起作用,此项操作应在远离电场干扰的地方进行。同时,已发生过碰撞且 SRS 已经触发的 SRS 系统电控单元不可重复使用。

(8) 安全气囊系统的维修要采用以下几个重要步骤。
① 在进行任何进一步的检查前要执行 SRS 的诊断系统的检查。
② 在进行维修工作前要使安全气囊系统失效。

③ 当完成维修工作时使安全气囊系统生效。

在对 SRS 部件或 SRS 配线进行维修或在其附近进行维修工作时，必须使 SRS 系统失效。此时，可使用所推荐的步骤使 SRS 系统临时失效。若不按照正确的步骤则可能会造成安全气囊的引爆、人员受伤、或对 SRS 系统的不必要修理。

中止 SRS 系统的步骤如下。

① 转动方向盘使前车轮朝正前方。

② 点火开关转至"Lock"，并取下钥匙。

③ 拆下 SRS 保险丝，并保持断开至少 1min。

④ 拆卸转向柱底座的黄色线路接头保护，并断开接头。

⑤ 拆卸转向柱右侧的乘员座黄色线路接头保护，并断开接头。

当拆卸 SRS 保险丝且点火开关在运行位置时，气囊指示灯启亮属于正常操作。

启用 SRS 系统的步骤次序相反。

(9) 发生事故且气囊展开的维修。当发生事故时气囊展开——在部件的更换和检查气囊展开后，更换如下部件。

① 充气保护装置乘员侧模块。

② 充气保护装置方向盘模块。

③ 充气保护装置安全气囊控制模块。

④ 损坏的安全带。

同时，检查如下部件。

充气保护装置方向盘模块线圈和线圈导线引出线是否有熔化、烧焦或其他因热引起的损坏。

(10) 发生事故后气囊系统的检修。无论事故中气囊是否展开，都需检查如下部件。

① 转向柱。

② 膝盖板是否损坏。

③ 充气模块托架。

④ 座椅安全带。

(11) SRS 系统检查诊断执行 SRS 诊断系统检查，所有的 SRS 的诊断必须以 SRS 诊断系统为起点。SRS 系统诊断检查决定如下状况。

① 气囊指示灯操作正常。

② SDM 通过 DLC 的对话能力。

③ 存在 DTC。

1.4.2 汽车安全气囊的发展趋势

汽车安全系统是汽车电子领域发展最快的一部分。随着汽车安全法规体系的不断完善，将带动中国汽车电子市场的发展。最近，我国的侧面碰撞法规已经开始实施，这将对我国车辆的碰撞安全性能和驾乘人员保护系统提出更高的要求。我国于 2000 年实施了《关于正面碰撞乘员保护的设计规则》(CMVDR294)，该法规等效于欧洲 ECER94 法规。随着科技的发展和人们对汽车安全重视程度的提高，近年来汽车安全气囊技术也发展得很快，智能化、多安全气囊是今后整体安全气囊系统发展的必然趋势。

新的技术可以采取不同的保护措施，从而更好地识别乘客状态。系统采用重量、超声波、红外线等传感器来判断乘客与仪表板重量、远近、身高等因素，从而在碰撞时判断并确定是否引爆气囊、采用 1 级点火引爆还是 2 级点火引爆、爆炸力有多大，并与安全带一起形成总体控制。通过各类车载传感器，气囊系统还可以判断出汽车经历的碰撞形式，是正对面碰撞还是以一定角度碰撞，侧面碰撞与有无整车的翻滚运动，以便使车辆不同位置的气囊工作，从而形成对乘客的最优的保护。车载网络技术的应用也是安全气囊系统的发展趋势。在车载网络中，有一种非常重要的网络即 Safe-by-Wire。它是专门用于汽车安全气囊系统的总线，它是通过综合运用车载多个传感器和控制单元来实现安全气囊系统的全方位控制。Safe-by-Wire Plus 总线标准是由汽车电子及部件供应商如飞利浦、德尔福等公司提出。与整车系统常用的 CANBUS、FlexRay 等总线相比，Safe-by-Wire 的优势在于它是专门面向安全气囊系统的汽车 LAN 接口标准。为了保证安全气囊系统在车辆事故时也不受到破坏，Safe-by-Wire 中嵌入有多重保护功能。例如，即使线路发生短路，安全气囊系统也不会因出错而启动。Safe-by-Wire 技术将会在汽车安全气囊系统中获得广泛的应用。

安全气囊系统能够有效地减小汽车在碰撞事故中车内外乘员的伤亡，其保护效果在汽车安全研究领域得到了高度重视。随着汽车安全气囊的汽车领域的推广应用，安全气囊系统的各项技术环节已经成为汽车安全领域的研究重点。

当前安全气囊新技术的发展是向着气囊的无污染、小型化、多样化、智能化的趋势变化的。

(1) 环境保护型安全气囊。采用压缩气体的气体发生器易于回收处理，无环境污染的问题，同时对人体也无毒害。

(2) 小型化的安全气囊。缩小安全气囊总成的体积是气囊系统发展的趋势。当新型发生器工作时，压缩气体从气罐中喷出，充满气袋。这种发生器气体产生率高，因而尺寸小，便于安装布置。

(3) 多样化的安全气囊。作为正碰撞事故中的安全保护措施，驾驶员和前乘员安全气囊已成为汽车制造生产的标准配制。同时，侧面碰撞气帘、气囊系统正在迅速发展。不同设计形式的侧碰撞气囊可分别安装在坐椅靠背外侧、车门中部、车身中立柱、车身顶部与车门交界部位。这些安装在不同部位的侧碰撞气帘、气囊系统可分别起到保护乘员头部、胸部和臀部的作用。

正在研制的新型保护气囊还有以下几种。

① 安装在转向盘下方膝垫部位的安全气囊可保护脚在正碰撞中免受伤害。
② 安装在前座椅靠背上的安全气囊可保护后座乘员。
③ 安装在制动踏板下的安全气囊可保护脚和踝关节在正碰撞中免受伤害。

④ 安装在前挡风玻璃边框的安全气囊可减少行人在汽车碰撞事故中头部的损伤。

⑤ 安装在汽车发动机罩下的安全气囊可保护行人。

(4) 安全气囊的智能化。传统的正面碰撞安全气囊系统是根据前座乘员的常规乘座位置和气囊的理想点火时刻为原则设计的。但是，在实际的汽车碰撞事故中，影响气囊保护性能的因素很多，例如碰撞的剧烈程度、乘员相对于方向盘或仪表板的距离与位置、乘员的体重及身高等因素。不同的碰撞条件及乘员和乘员的位置的变化会导致乘员不是在最佳时刻与气囊接触，从而降低对乘员的保护效果。为了充分发挥安全气囊的保护效果，自适应式或称为智能型安全气囊的概念也就应运而生。近年来，智能型安全气囊的研究致力于开发一种能够最大限度地保护乘员的安全气囊系统。这种气囊系统能够在汽车碰撞的一瞬间根据碰撞条件和乘员状况来调节气囊的工作性能。智能型安全气囊的关键技术之一是先进的传感系统和电子运算系统，它们在事故发生的短暂时刻内能够提供可靠的碰撞环境的信息。这些信息包括汽车碰撞的剧烈程度、碰撞的方位、乘员的身高、体重、位置、乘员是否系有安全带等，智能安全气囊系统根据原有探测的信息做出判断，从而调节和控制气囊的工作性能，使气囊能充分发挥保护效果。

任务 2 电动车窗不工作故障的检修

工作任务	电动车窗不工作的故障检修	教学模式	任务驱动
建议学时	40 学时	教学地点	一体化实训室
学习目标	\multicolumn{3}{l}{1. 能根据维修手册要求，结合电动车窗系统的作用、结构组成及原理，完成电路故障原因分析(故障维修流程编写) 2. 能分析电动车窗系统电路图，并进行电路拆绘 3. 能根据维修手册要求，在教师指导下，完成电动车窗系统及电路的检查(就车检查)及电路故障维修 4. 能正确使用电动车窗系统；能进行电动车窗系统的拆装与调整 5. 能进行团队成员的有效沟通与协作作业}		
学习活动	学习活动	活动内容	
	学习活动 1 电动车窗不工作故障的初步检查与确认	1. 电动车窗功能的测试，确认故障现象 2. 使用诊断仪初步检测并分析可能故障原因 3. 识别电动车窗控制元器件 4. 绘制电动车窗结构组成图	
	学习活动 2 电动车窗不工作故障的维修方案制订	1. 识读卡罗拉电动车窗控制电路图 2. 识别卡罗拉电动车窗元器件代码 3. 根据电路图册识别实车导线颜色 4. 绘制实车电动车窗电路图 5. 制订维修方案并展示、评价	
	学习活动 3 电动窗不工作故障的维修方案制订	1. 检测并修复电动窗控制线路 2. 参考维修手册，检测电控元器件并判断性能 3. 规范拆装或更换电动窗元器件 4. 排除故障，请确认恢复电动窗工作性能	
	学习活动 4 电动窗不工作故障的完工检验	1. 测试电动窗及中控锁功能，确认故障排除 2. 按照企业要求进行完工检验，填写质量检验报告单 3. 为驾驶者提出电动窗使用的合理化建议 4. 总结工作思路，并相互展示评价	
学习准备	\multicolumn{3}{l}{1. 常用工量具：梅花扳手、套筒扳手、螺丝刀、试灯、万用表 2. 专用工具：诊断仪 3. 油料、材料：玻璃升降器总成、保险丝、电动车窗主继电器、润滑脂等 4. 资料、设备：车辆、举升机、网络资源、卡罗拉维修手册、卡罗拉用户手册、维修工单、安全操作规程}		

任务描述

车主吴先生下班停车后，欲关闭左前车窗玻璃，发现车窗玻璃无法升降，现送车辆进厂维修。作为维修技工，现需根据前台维修工单，查阅维修手册及相关资源，在规定时间内完成电动车窗的检查与维修，恢复车窗正常工作性能，并在对其检验合格完成后，交付前台。

2.1 认识电动车窗

2.1.1 电动车窗

1. 电动车窗的结构组成

如图 2-1 所示,电动车窗的结构部件包括驾驶侧门上的车窗主开关、驾驶侧车窗电机(即电动窗 ECU)、乘客侧和后车门上的副车窗开关、副电动窗电机主车身 ECU 和门控灯开关等,电动车窗电动机与玻璃升降器集成一体。

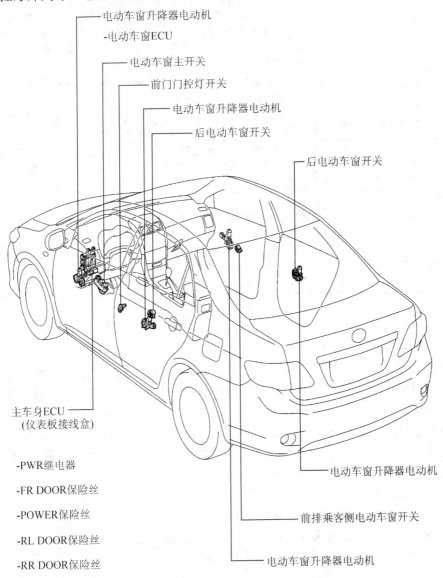

图 2-1 电动车窗结构部件图

2. 电动窗的功能

电动车窗控制系统功能见表 2-1。

表 2-1 电动车窗功能表

	功能	概要
1	手动上升和下降功能	功能：当将电动车窗开关向上拉到中途时，使车窗上升；当将开关向下推到中途时，使车窗下降；开关一松开，车窗就会停止
2	驾驶员侧门窗自动上升和下降功能	功能：通过按下一次电动车窗开关，使驾驶员侧门窗完全打开或关闭
3	防夹功能	功能：自动上升操作(驾驶员车门)期间，如果有异物卡滞在门窗内，使电动车窗自动停止并向下移动。在车窗全关位置附近放置 4~10mm(或 200~250mm)厚的检查夹具，通过自动或手动操作关闭车门玻璃时，车门玻璃应下降至距离检查夹具 200~240mm(或 80~100mm)处
4	主开关主控功能	该功能可让电动车窗主开关控制前排乘客侧门窗和后门窗的手动上升和下降操作
5	Key-Off 操作功能	在将点火开关置于 ON(IG)或 OFF 位置后大约 45s 内，如果任一前门未打开，则该功能使得电动车窗仍可以工作
6	过热保护	PTC 操作的功能是通过停止电动机以防止电动车窗升降器过载。按住车窗开关 90s 以上时，PTC 过热保护激活，操作开关不能升降电动窗
7	诊断	该功能在电动车窗开关检测到电动车窗系统故障时，可让电动车窗开关进行故障部位的诊断。电动车窗开关灯亮起或闪烁，以通知驾驶员
8	失效保护	如果电动车窗电动机内的脉冲传感器出现故障，失效保护功能能够禁用部分电动车窗功能。驾驶员车门的自动上升和下降功能以及遥控功能被禁用

3. 电动窗的初始化

1) 初始化电动车窗的必要性

(1) 如果更换了电动车窗电动机或电动车窗升降器，则需要进行初始化(蓄电池负极端子断开并重新连接后，没有必要进行初始化)。初始化期间不应操作其他电气系统。如果电动车窗电动机的电源电压出现下降，则初始化将中断。

(2) 更换车门玻璃或车门玻璃升降槽可能导致当前车门玻璃位置与 ECU 中存储的位置之间产生差异。在这种情况中，防夹功能将无法正常工作。使系统返回到初始化前的状态并对系统重新进行初始化。

2) 初始化的状态

(1) 初始化完成后，自动上升功能才起作用。

(2) 点火开关置于 ON(IG)位置时，电动车窗主开关指示灯将开始闪烁，并且持续闪烁至初始化完成。成功完成初始化后指示灯一直亮。

3) 进行初始化

(1) 连接蓄电池负极端子。

(2) 将点火开关置于 ON(IG) 位置。电动车窗主开关指示灯将闪烁。

(3) 通过操作电动车窗主开关完全关闭车门玻璃。车门玻璃停止后，将电动车窗主开关保持在 AUTO UP 位置至少 1 秒钟。

(4) 检查并确认电动车窗主开关指示灯一直亮。

(5) 如果指示灯不是一直亮，则意味着初始化未成功完成。这种情况下，降下车门玻璃至少 50mm，并在车窗全关后，将电动车窗主开关保持在 AUTO UP 位置 1 秒钟。

2.1.2 维修资料的使用

维修资料能向技术人员提供诊断和排除故障的信息，这类手册和图书的种类很多。对于技术人员来讲最重要的是要熟悉这些出版物，知道每一种出版物的目的和内容，以及如何查找所需资料。技术人员必须能够理解资料的内容，并能应用到故障诊断和维修中去，知道使用哪种出版物和何时使用将会给维修工作带来许多方便。这些图书就像工具，如 DVOM(万用表)和试灯一样。如果能够更有效地查找和使用这些出版物中的内容，就会成为一位效率更高的技术服务人员。

1. 资料信息源

主要的维修资料的信息源包括：车间维修手册(Shop Manuals)、技术参数手册(Specifica-tions Book)、技术服务通信索引(TSB index)、技术服务通信(TSB)、电路图(Wiring Diagram)、计算机汽车服务信息系统(OASIS)。

要注意，有些出版物中的内容包括所有车型；有的包括多种车型；有的只包括某一车型；有的却是根据年度车型来出版。技术人员应根据所维修车辆的车型和年度型选择相应的出版物，这一点十分重要。

2. 车间维修手册

1)《车间维修手册》的用途

《车间维修手册》提供多种车型系列的常规服务、修理和维护的信息。手册中所包含的内容十分详细，而且用途较广(服务和修理)，所以它是服务和维修中应优先使用的最好的信息源。

《车间维修手册》包括以下 4 个方面。

(1) 车身、底盘、电气。

(2) 传动系、润滑、维护。

(3) 新车交车准备。

(4) 发动机/排放诊断。

2)《车间维修手册》中的内容

《车间维修手册》中每一章包括以下内容。

(1) 适用车型部分——简述每一章所适用的车型。

(2) 系统工作原理概述——常常还附有系统中的部件和工作简图。

(3) 调节部分——一般用于机械系统。

《车间维修手册》中的测试内容特别实用。测试章节包括各种系统和部件的测试。对每一种测试都有详细的介绍。手册中常用一个三栏的表格列出测试步骤、测试结果和应进一步采取的措施。它还提供了测试说明、测试指标和结果。手册中的部件、接头、接线端和测试端位置的图示对维修人员进行测试很有帮助。

手册中的故障诊断部分是该手册的另一独特之处。故障诊断部分中包括症状、可能造成故障的原因和应采取的措施。有的章节还提供整个故障诊断的过程，你可根据测试结果，按照书中的步骤来排除故障。

这一部分还列出了测试和维修所需的专用工具。

这一部分包括对各种零部件拆装以及解体和组装的详尽说明，还有服务和保养所需的内容。

3) 如何使用《车间维修手册》

每本手册的封面列有车型年度、卷号、所包括的内容、车型系列和一个按字母顺序排列的索引。可以利用这些信息确认你所需要的维修手册。

在手册的开始部分设有横向参考索引，它列出所有的手册代号、内容和所涉及的车型。可以利用任何《车间维修手册》中的横向参考索引寻找你所需要的某一卷册。

目录中所包括的内容是按组号排列的。在每一组号旁都设有参考标记，这些标记与手册正文中的表标记相对应，有助于寻找某一特定组的内容。手册中的正文是按组号和章节号的顺序来排列的。手册中每一组都有一个索引，列出该组中每一章的标题和该组每一章的页号。每页的页号是以系统号-页号的形式排列。

每一章也有自己的目录。要寻找手册中所需的信息，首先要确定所找的手册在年份和车型上是你所需要的。然后利用封面索引或利用目录来确定组号，通过组号再找到章号，然后利用章号找到页号。

2.2 卡罗拉电动车窗检修

1. 卡罗拉电动车窗电路图

(1) 在电路走线图中，所有元件和连接器均用元件代码，在电路图的尾页有元件位置和连接器、接地点的相关说明，见表 2-2，根据该说明，能够找出元件或连接器在实车的位置。

任务 2 电动车窗不工作故障的检修

表 2-2 电路元件说明

○ : Parts Location

Code		See Page	Code	See Page	Code	See Page
E50	A	55	H8	58	K1	58
E51	B	55	I3	58	K2	58
E56		55	I6	58	L3	59
E61	D	56	J1	58		
H7		58	J2	58		

○ : Relay Blocks

Code	See Page	Relay Blocks (Relay Block Location)
1	22	Engine Room R/B (Engine Compartment Left)

○ : Junction Block and Wire Harness Connector

Code	See Page	Junction Block and Wire Harness (Connector Location)
1J	23	Engine Room Main Wire and Engine Room J/B (Engine Compartment Left)
2A	28	Floor Wire and Instrument Panel J/B (Cowl Side Left)
2B	28	Engine Room Main Wire and Instrument Panel J/B (Cowl Side Left)
2E	28	Instrument Panel Wire and Instrument Panel J/B (Cowl Side Left)
2G	28	Engine Room Main Wire and Instrument Panel J/B (Cowl Side Left)
2H	28	Instrument Panel Wire and Instrument Panel J/B (Cowl Side Left)
3A	36	Instrument Panel Wire and J/B No.3 (Cowl Side Right)
3B		
4A	40	Instrument Panel Wire and J/B No.4 (Instrument Panel Brace RH)
4C		

□ : Connector Joining Wire Harness and Wire Harness

Code	See Page	Joining Wire Harness and Wire Harness (Connector Location)
EL1	65	Instrument Panel Wire and Floor Wire (Left Kick Panel)
EM3	65	Instrument Panel Wire and Floor No.2 Wire (Right Kick Panel)
HE1	65	Front Door RH Wire and Instrument Panel Wire (Right Kick Panel)
HE2		
IE1	65	Front Door LH Wire and Instrument Panel Wire (Left Kick Panel)
IE2		
JM1	66	Rear Door No.1 Wire and Floor No.2 Wire (Right Center Pillar)
KL1	66	Rear Door No.2 Wire and Floor Wire (Left Center Pillar)

▽ : Ground Points

Code	See Page	Ground Points Location
E1	65	Left Kick Panel
E5	65	Instrument Panel Brace LH

(2) 连接器端子分布图和颜色可在电路图册的"连接器表"中查找到，见表 2-3，可与实车进行对比，绘制出实车的连接器外形图。

表 2-3 连接器表

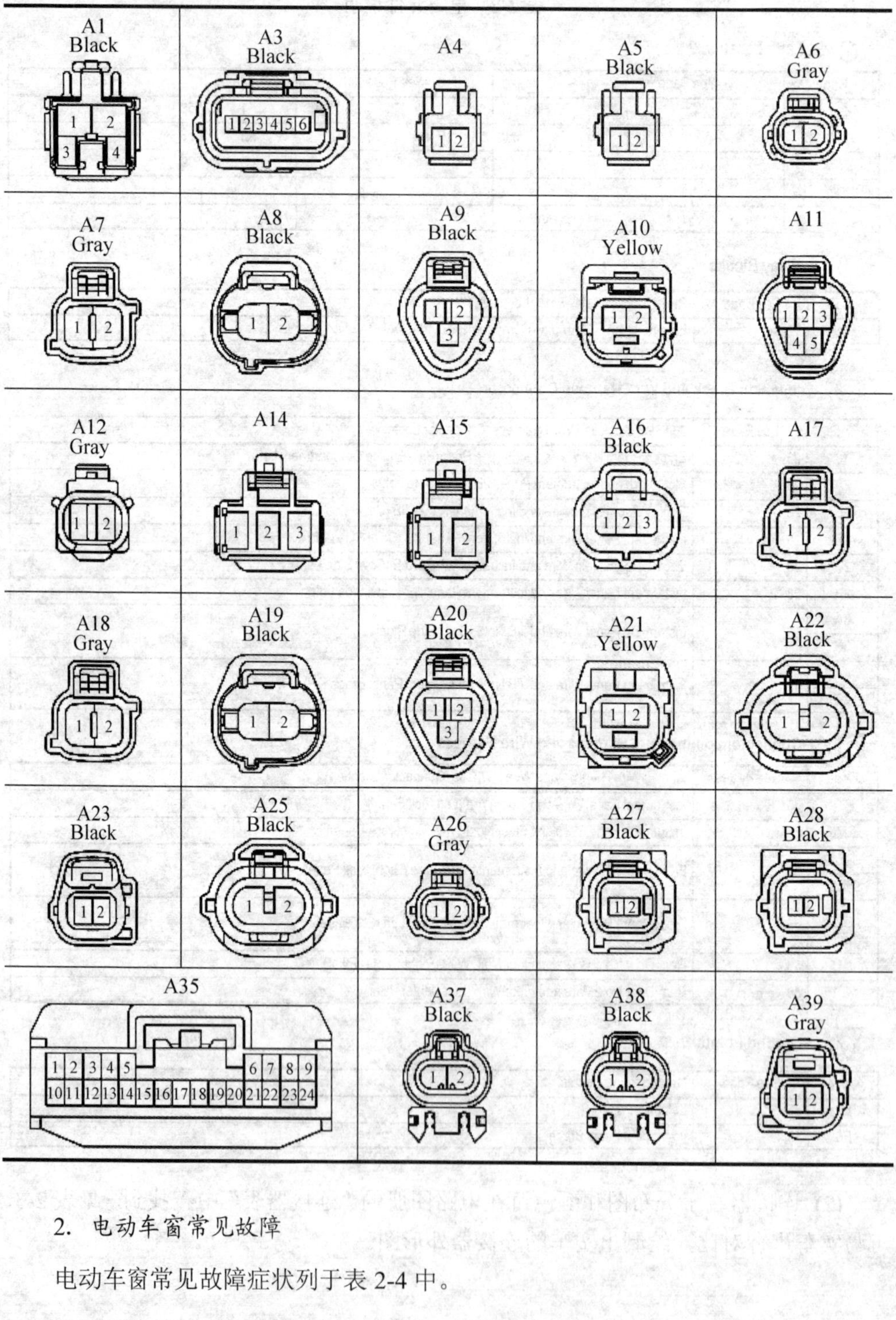

A1 Black	A3 Black	A4	A5 Black	A6 Gray
A7 Gray	A8 Black	A9 Black	A10 Yellow	A11
A12 Gray	A14	A15	A16 Black	A17
A18 Gray	A19 Black	A20 Black	A21 Yellow	A22 Black
A23 Black	A25 Black	A26 Gray	A27 Black	A28 Black
A35		A37 Black	A38 Black	A39 Gray

2. 电动车窗常见故障

电动车窗常见故障症状列于表 2-4 中。

任务 2 电动车窗不工作故障的检修

表 2-4 故障症状表

	症 状	可疑部位
1	用电动车窗主开关无法操作电动车窗	POWER、PWR、RR DOOR LH 和 RR DOOR RH 保险丝；数据表/主动测试；电动车窗主开关电路(电源)；电动车窗升降器电动机电；电动车窗主开关
2	用副车窗开关无法操作对应侧的车窗	电动车窗开关电路(电源)；电动车窗升降器电动机电路(乘客、左后、右后)；电动车窗开关；线束或连接器
3	电动车窗开关无法操作左后侧电动车窗	电动车窗开关电路(电源)；电动车窗升降器电动机电路(左后侧)；电动车窗开关(左后侧)；线束或连接器
4	驾驶员侧自动上升/下降功能不起作用	诊断检查；电动车窗升降器电动机重置；动车窗主开关；线束或连接器
5	将点火开关置于 OFF 位置后，即使不满足工作条件，电动车窗仍然可以工作	前门门控灯开关；或连接器(LIN 通信线路)
6	自动操作不能完全关闭驾驶员侧电动车窗(防夹功能被触发)	电动车窗升降器电动机重置；检查和清洁车窗玻璃升降槽；动车窗主开关
7	副车窗 PTC 功能不起作用	电动车窗升降器电动机(副电动车窗)

3. 电动车窗的控制原理

电动车窗主开关包括具有手动、自动升降功能，内部有 IC 放大器、功率三极管和继电器等，如图 2-2 所示。

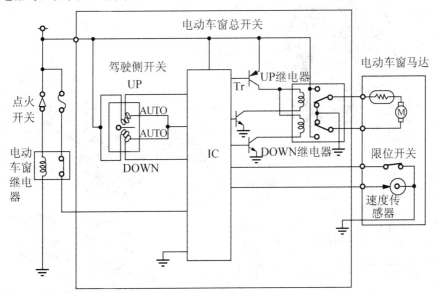

图 2-2 电动车窗主开关控制原理图

1) 手动升降

(1) 手动上升。当点火开关处于 ON 位置，并且驾驶员的电动车窗开关拉到一半，手动的 UP 信号被输入到 IC，并发生下述变化。

Tr：ON。

UP 继电器：ON。

DOWN 继电器：接地电路。

结果，驾驶员电动车窗马达向上方向转动。

当这开关被松开时，UP 继电器关掉，马达停止。

(2) 手动下降。当驾驶员电动车窗开关被推到一半，手动 DOWN 信号被输入到 IC，并发生下述变化。

Tr：ON。

UP 继电器：接地电路。

DOWN 继电器：ON。

结果，驾驶员电动车窗马达朝向下方向转动。

提示

有些车型装备有 PTC 热敏电阻或电路断路器，以防止过大电流流经马达。

2) 自动升降-防夹功能

如图 2-3 所示，通过两个元件检测窗户是否被卡住：电动车窗马达中的限位开关和速度传感器。

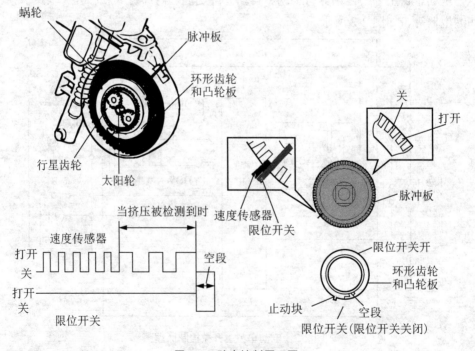

图 2-3　防夹控制原理图

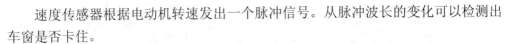

速度传感器根据电动机转速发出一个脉冲信号。从脉冲波长的变化可以检测出车窗是否卡住。

限位开关根据齿圈的空段来判别是卡住情况下的脉冲信号波长改变,还是车窗已经完全关闭情况下的脉冲信号波长改变。

当点火开关处于 ON 位置且驾驶员的电动车窗开关被拉到底时,一个自动 UP 信号被输入到 IC。因为 IC 有定时器电路并且当自动 UP 信号被输入时,此定时器电路将保持 ON 的情况最多 10s,所以即使在开关被松开后马达也继续转动。如果驾驶员车窗完全关闭并且 IC 检测到来自电动车窗马达的速度传感器和限位开关的马达锁止信号,或者定时电路关闭,电动车窗马达停止转动。自动关闭操作可以通过把驾驶员电动车窗开关往打开方向打开一半来终止。

(1) 操作。

当电动车窗总开关从电动车窗马达收到卡住信号时,它关掉 UP 继电器,打开 DOWN 继电器大约 1 秒钟,以退回车窗玻璃大约 50mm(根据卡滞物大小而定),以防止车窗玻璃更进一步关闭。

可以通过在窗户和窗框之间插入一物体(例如捶柄)来检测防夹保护功能的运行。因为如果当窗户处于几乎要关闭的状态时,防夹保护功能不触发,因此用手试验会引起伤害。

有些老型号没有防夹保护功能。

(2) 重置。

在下面情况下,电动车窗马达需要重置(到限位开关的初始位置)。

当车窗开闭调节器和电动车窗马达断开时:

① 车窗没有装上,触发了车窗开闭调节器时。

② 执行了任何改变车窗关闭位置的操作,例如更换了车门玻璃槽时。

车窗重置操作如图 2-4 所示,执行以下步骤:

① 将电动车窗马达和电动车窗总开关连接到车辆的线束。

② 将点火开关旋到 ON 位置,并操作电动车窗总开关,让电动车窗马达在 UP 方向空转 4s 以上(旋转 6~10 圈之间)。

重置过程参考修理手册,因为步骤因车型不同而有异。

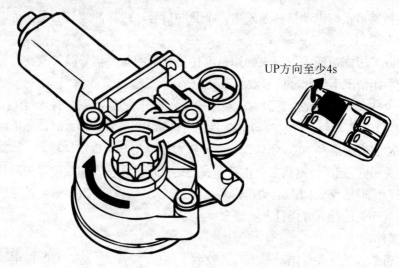

图 2-4　车窗重置操作图

2.3　电动车窗电路的诊断与维修

2.3.1　电路的诊断

1. 常见电路故障

1) 对地线短路

如图 2-5 所示,对地线短路是一个电路的正极与地线侧之间的以外导通。当发生这种情况时,电流绕过工作负载流动,因为电流总是试图通过电阻最小的通路。

由于负载所产生的电阻降低了电路中的电流量,而短路可能会使大量的电流流过。通常,过量的电流会熔断保险。在示意图中,短路绕过断开的开关和负载,然后直接流至地线。

2) 对电源短路

对电源短路也是一个电路的以外导通。在示意图中,电流绕过开关直接流至负载。这就出现了即使开关处于断开状态,灯泡也会点亮的情况,如图 2-6 所示。

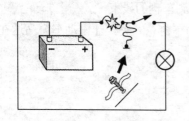

图 2-5　对地线短路

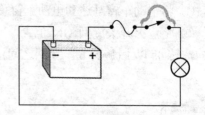

图 2-6　对电源短路

3) 断路

拆下电源或地线侧的导体将断开一个电路。由于其不再是一个完整的回路,因此电流不会流通,且电路"断开"。在图2-7中,开关断开电路,并切断了电流。

某些电路是有意而为的,但某些是意外的。如图2-7所示,显示了一些意外的"断路"示例。图中,①熔断的保险;②断开了电源;③导线断裂;④地线断开;⑤灯泡损坏。

2. 诊断步骤

诊断工作要求掌握全面的系统工作原理。对于所有的诊断工作来说,修理工必须利用症状现象和出现的迹象,以确定车辆故障的原因。为帮助修理工进行车辆诊断,许多成功的修理工通过分析,总结出了一个诊断策略,并且记载在许多维修出版物中。

"症状与系统、与部件、与原因的诊断步骤"提供了一个逻辑的方法,以修理车辆的故障。

(1) 验证顾客所反映的"症状"。

(2) 应当确定,车辆的哪一个"系统"与该症状有关。

一旦找到了特定的系统,就应当确定该系统内的哪个部件与该故障有关。

在确定发生故障的部件后,一定要尽力找到产生故障的原因。

在有些情况下,仅是部件发生磨损。但是,在其他的情况下,故障原因可能是由该发生故障部件以外的原因造成的,如图2-8所示。图中,①症状;②车辆系统;③部件;④原因。

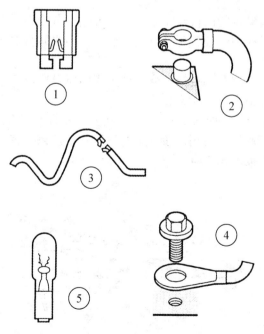

图2-7 意外的断路

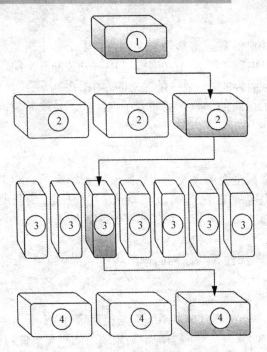

图 2-8　故障诊断步骤

2.3.2　线路修理

1. 导线的连接方法

电路中线路的故障可能出自导线本身,也可能出自接头。维修人员必须能进行这两方面的修理。导线的修理有两种方法:一是将导线的两端连接起来,二是接入一段新导线。

修理线路时,必须注意到更换的导线至少应同原导线质量相同。导线规格号与其质量成反比(如 14 号导线比 18 号的重)。

导线有两种连接方法,如图 2-9 所示,一种是将断线两端焊接起来;另一种是使用平接头将断线连接起来。使用平接头较快也较容易,只要将剥去绝缘层的导线夹于管中,然后将接头接于线端即可。

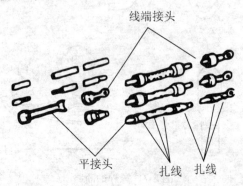

图 2-9　导线的连接方法

2. 焊接知识和技术

一般来讲，用一个小电烙铁就足以完成电路的焊接工作。然而可靠的焊接要建立在良好的焊接技术上。以下 5 个步骤能够帮助你进行成功的焊接。

(1) 在焊接电路和元件时应使用松香芯焊锡条。

(2) 焊接处不应接触油漆、黄油、机油、蜡或绝缘体。应确保焊接部位清洁干净，没有以上物质。可使用一些清洁剂和化学去油剂对焊接处进行清洗。

(3) 电烙铁末端应保持干净并闪光，可用海绵或布擦掉烙铁末端上的碎屑。

(4) 用电烙铁的热的烙铁头先将焊接处预热几秒钟，在烙铁保留在原位的同时，将焊条触及并熔化于导线连接处。不应使焊条在烙铁头上熔化，否则，被烙铁熔化的焊条不一定能渗进金属导线中。

(5) 当烙化的焊条渗进导线连接处以后才能将烙铁移开。移开烙铁时，注意不要移动连接导线，应等焊锡完全冷却。

安全注意事项如下。

(1) 电烙铁通常都在 700℉(376℃)以上，这种温度具有造成严重烧伤和着火的可能性。

(2) 不用烙铁时，应拔掉电源插头。

(3) 不用烙铁时，应将其放回托架上。

(4) 应保证工作间有良好的空气流通。

(5) 尽可能保持工作环境干净和整洁。

3. 常见剥线工具

将平接头和其他类型的接头连接于导线是由一种扎线工具来完成的。如图 2-10 所示，一个标准剥线和扎线工具有 3 个工作部分：切线区、剥线区和扎线区。

注意工具上的剥线和扎线区上有不同的规格。线端接头和平接管有不同的颜色，它们分别代表所接受的导线规格，具体为：红色＝18～22 号；绿色＝14～16 号；黄色＝1～12 号。

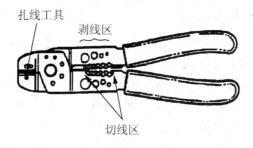

图 2-10 剥线工具

4. 剥线和扎线

如图 2-11 所示，剥线和(或)在接头上扎线时注意以下事项。

为了避免损伤导线的金属材料，应选用适当的剥线孔。要剥去足够长的绝缘层以保证金属导线完全伸入到接头中。

把导线的剥开部分放入相应规格的接头或平接管内，用扎线工具上适当的孔，将它们牢固地扎紧。

对导线绝缘部分的接头和平接管扎线(线端接头2折、平接管4折)。

可用热缩胶管或绝缘胶布裹于连接处，以免接头暴露于空气中。

可轻拉连接导线两端来检查扎线是否牢固，扎接好的导线不应脱开。使用欧姆表测量接好的导线之间或线端接头与导线间的电阻，其电阻读数应为零。

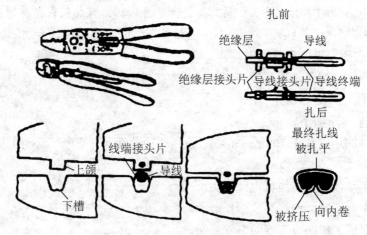

图 2-11 剥线和扎线

5. 连接导线

任何断线、暴露的或其他损坏的导线都可采用简单连接的方法修复。如果能够接近线束，找到导线损坏的位置，最好拆开线束对损坏处作进一步检查。

对无法接近的线束，应采用以下修理步骤绕过线束。

(1) 找到损坏导线的两端。

(2) 在离线束绝缘处最近的点切断导线两端。

(3) 将一定长度的新导线扎线扎接于两断线之间，从其旁端接过线束。

如图2-12所示，用热缩管或绝缘布处将连接处缠绕起来。更换保险片时，应使用新提供的(14526)保险片专用线，绝不能用一般的导线。保险片专用线应比电路中所保险的导线细四号(如果电路中导线是14号，应使用18号的保险片专用线)。当将16、18或20号的保险片专用线扎接于较粗导线时，应将较细的保险线的绝缘层多剥出一倍的长度以增加扎接后的接触面积和牢固性。

整体式接头的线端接头不能从接头中取出。如果接头内部的导线损坏，就要将导线切断，用插塞式接头将断线拼接起来。用热缩胶管或绝缘胶布缠裹拼接处。插塞接头的插座端应扎接于电源一侧线端。

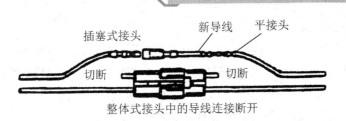

图 2-12 整体式接头的修理

2.4 新型电动车窗

2.4.1 新型电动车窗的控制

1. 新型电动车窗的功能和组成

(1) 电动车窗的功能。包括：所有车门单触式自动升降；防夹功能；钥匙关闭操作功能；钥匙联动升降功能；遥控器联动升降功能；诊断功能；副车窗锁止功能；失效保护和自诊断功能。

(2) 控制组成。如图 2-13 所示，电动车窗控制结构主要由电动车窗主开关(驾驶车门 ECU)、3 个副车窗 ECU 和副电动车窗开关、网关、驾驶侧接线盒 ECU 等组成，ECU 之间采用 CAN 总线连接，可以减少线束的数量和质量。

(3) 部件功能。主车窗开关也作为驾驶车门 ECU 使用，除了控制 4 个车窗的工作之外，还有锁止其他 3 个副车窗，与网关 ECU 和副车窗 ECU 进行通信的功能。各车门 ECU 通过 CAN 总线交换车窗开关和电机的运行状态，并通过网关 ECU 进行诊断。

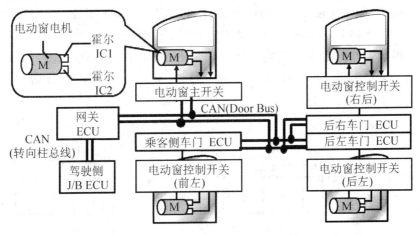

图 2-13 电动车窗控制结构图

2. 防夹车窗的控制原理

霍尔传感器的工作原理是当霍尔效应器位于永久磁场，且垂直于磁场方向有电流通过时，在垂直于磁场和电流的方向就会产生霍尔电压。

1) 车窗电动机的结构

如图 2-14 所示，车窗电动机内部包含两个霍尔传感器。传感器固定于电机外壳上，电机旋转时，位于涡轮上的磁铁间歇性通过霍尔效应器的感应端，由于磁场变化，使霍尔传感器产生电压，并经过霍尔 IC 放大整形后，输送给车门 ECU，车门 ECU 通过霍尔传感器信号确认车窗的位置和动作方向。

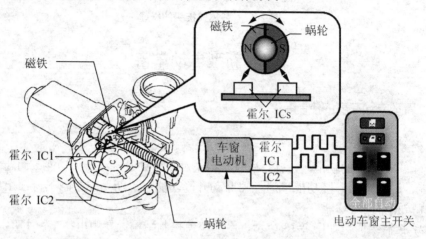

图 2-14 电动窗防夹工作原理图

2) 控制原理

车门 ECU 通过霍尔传感器 IC1 的信号计数来检测车窗的位置，通过 IC1 和 IC2 的相位差检测车窗的运行方向。

如图 2-15 所示，霍尔传感器输出数字信号，IC1 检测波形的一个周期表明电动机旋转一圈，车门 ECU 通过计算电动机的旋转圈数测出车窗的实际位置。

IC1 和 IC2 的不同相位，表明车窗朝不同的方向动作。IC1 的高电平信号超前 IC2 的高电平信号时，表示车窗向下动作，车窗打开；IC1 的高电平信号落后 IC2 的高电平信号时，表示车窗向上动作，车窗关闭。

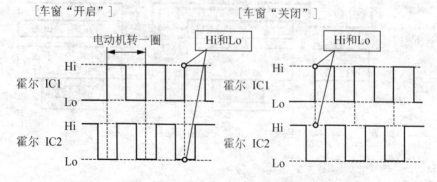

图 2-15 电动车窗防夹控制原理图

3. 车窗的初始化

电动车窗开关电源切断时,要对所有车窗进行初始化。

1) 注意事项

(1) 应分别使用每个车门电动窗开关进行初始化操作,且不要同时进行其他车门的初始化。

(2) 初始化未完成时下列功能不会工作。

① 自动升降功能和防夹功能。

② 除驾驶侧车窗外,其他车窗不能由主开关控制。

2) 电动车窗的初始化

如图 2-16 所示,车窗初始化分 3 步进行。

(1) 操作电动车窗开关,开关照明灯开始闪烁。

(2) 在车窗半开时转到自动升起位置至车窗全关。

(3) 停留在自动升起位置 2s 以上,开关照明灯一直点亮,表明初始化完成。

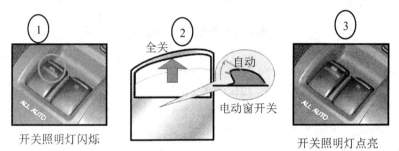

图 2-16 电动车窗初始化

2.4.2 滑动天窗

1. 滑动天窗的功能

滑动天窗系统有以下功能:①手动开关/倾斜上下;②单触式自动开关/倾斜上下;③防夹功能;④钥匙关闭功能;⑤钥匙联动开关/倾斜上下;⑥遥控器联动开启/向上倾斜;⑦滑动天窗提醒警告;⑧失效保护和自诊断。

2. 滑动天窗的控制组成

如图 2-17 所示,滑动天窗的控制元件主要包括电动车窗主开关(驾驶车门 ECU)、滑动天窗控制 ECU(含天窗电机)、网关 ECU、驾驶侧接线盒 ECU 和天窗开关。

在打开点火开关的情况下,通过操作天窗开关可以关闭和打开天窗。

点火开关关闭,驾驶侧车门未打开,45s 内,仍可以操作天窗开关使天窗动作。

钥匙和遥控操作天窗打开或关闭是通过驾驶车门 ECU 与天窗 ECU 之间的通信来实现的。

天窗 ECU 通过 CAN 总线与驾驶车门 ECU 和网关 ECU 进行通信,并通过网关 ECU 进行诊断。

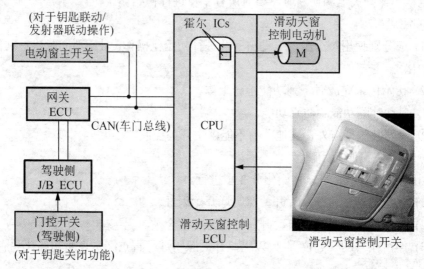

图 2-17 滑动天窗控制结构

3. 滑动天窗的初始化

由于某种原因导致滑动天窗 ECU 记忆值丢失时,需进行初始化操作。

如图 2-18 所示,天窗的初始化分 3 步进行。

(1) 操作滑动天窗使之倾斜向上和向下。

(2) 然后,全开和全关。

(3) 初始化将在全关后完成。

图 2-18 滑动天窗初始化

任务 3　中控锁不工作故障的检修

工作任务	中控锁不工作的故障检修	教学模式	任务驱动
建议学时	40 学时	教学地点	一体化实训室
学习目标	\multicolumn{3}{l}{1. 能够执行门锁拆装、检测的操作规程，树立良好的安全文明操作意识 2. 能够根据维修手册和其他资源分析中控锁的常见故障原因 3. 能够描述中控锁电子元件的检查项目和技术要求 4. 能够主动获取信息，展示学习成果，对工作过程进行总结与反思，与他人进行有效沟通，团结协作 5. 能够运用所学知识，为顾客使用遥控器、中控锁提出合理化建议}		

	学习活动	活动内容
学习活动	学习活动 1 中控锁不工作故障的初步检查与确认	1. 测试中控锁以及无线遥控功能 2. 识别中控控制部件 3. 绘制中控控制结构图 4. 确认故障现象，并使用诊断仪初步检测
	学习活动 2 中控锁不工作故障的维修方案制订	1. 识读帕萨特中控锁电路图 2. 识别帕萨特中控锁电器元件端子代码 3. 根据电路图册识别实车导线颜色 4. 绘制实车中控锁电路图 5. 制订维修方案并展示、评价
	学习活动 3 中控锁不工作故障的维修方案实施	1. 检测车门锁单元并判断性能 2. 检测车门控制主要线路 3. 检测中控锁主控开关 4. 更换故障部件，修复线路，排除故障
	学习活动 4 中控锁不工作故障的维修完工检验	1. 测试无线遥控及中控锁功能，确认故障排除 2. 提出中控锁及无线遥控使用的合理化建议 3. 总结工作思路并展示、评价

学习准备	1. 工具、设备：帕萨特电器实训台或整车，工具车，万用表，试灯，诊断仪，电烙铁(焊锡丝、焊锡膏) 2. 学习材料：帕萨特维修手册，帕萨特用户手册，网络资源，维修工单，白板笔，彩笔，展示板，图钉，磁铁，A2、A3、A4纸，彩色贴纸 3. 备用器材：帕萨特四门门锁；四门电动车窗控制单元，舒适单元，导线，绝缘胶布 4. 耗材：抹布若干，化清剂，汽油

任务描述

车主张先生发现车辆左前车门锁在开、锁门时均无反应。现车辆进厂维修，我们作为维修技工，需要根据前台的维修工单，查阅维修手册，参考相关资料，排除故障，恢复中央门锁正常工作，并最终检验合格后交付前台。

3.1 中央门锁控制系统维修

3.1.1 大众车型中央门锁控制系统

1. 中控单元的功能

多数车型的中控控制单元与舒适单元集成一体,如图3-1所示帕萨特车型中控锁系统,其主要功能如下。

(1) 中央锁、尾箱锁控制功能。钥匙拔出点火开关、4个车门、车头盖、尾箱盖均关闭,能够通过左、右前车门及尾箱盖钥匙开关操作中控锁及尾箱锁,车辆能够在锁门后进入防盗状态。

(2) 无线遥控功能。无线遥控锁门时,要求与钥匙操作中控锁一致,遥控锁门后,防盗指示灯闪烁,车辆进入防盗状态。

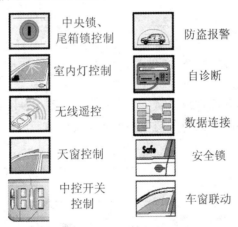

图3-1 中控单元的主要功能

(3) 室内灯控制功能。遥控或钥匙锁门或开门,室内灯相应地点亮或熄灭,方便乘客上下车,车门关闭;钥匙或遥控未操作时,室内灯最长延迟30s熄灭。

(4) 安全锁。双级安全锁功能,钥匙或遥控锁门,车辆进入防盗状态后,即使在车内也无法开启车门。

(5) 车窗联动。钥匙或遥控控制中央锁的同时,按住遥控(或钥匙)1s以上,四门车窗自动开启或关闭。

(6) 天窗控制功能。钥匙或遥控控制中央锁的同时,按住遥控(或钥匙)1s以上,天窗自动开启或关闭。

(7) 中控开关控制功能。操作室内中控开关,可锁门、解锁,但不进入安全锁及防盗状态。

(8) 防盗报警功能。车辆进入防盗状态,位于驾驶车门内饰板上部的防盗指示灯闪烁。当车辆受到撞击时，车辆通过闪烁危险警告灯、鸣响报警喇叭进行报警。部分装有倾斜传感器的车型，在车辆失去平衡时亦可触发警报。

(9) 利用诊断仪可设置功能。

① 两步开锁功能。可使用诊断仪更改控制单元编码设定两步开锁功能，及用钥匙或遥控开启车门时，第一次操作只解锁驾驶车门，操作两次则车门全部解锁。

② 自动锁门可开锁。可设置车速 15km/h 自动锁门，钥匙拔出点火开关，自动开锁。

③ 危险灯闪烁。可设置钥匙或遥控锁门、解锁时，警告灯闪烁。

④ 警报喇叭。可设置钥匙或遥控锁门、解锁时，警报喇叭响或不响。

(10) 座椅和后视镜记忆功能。为客户提供个性化设定，客户可以根据自身需要，设定好座椅和后视镜的位置，再操作遥控器关联信息。

客户再次使用遥控器开门时，座椅和后视镜自动回到设定的位置，如图 3-2 所示。

提示

后视镜调整由舒适单元与门控单元完成，座椅调整由舒适单元和座椅控制单元完成，各控制单元之间通过 CAN 总线交换数据。

(11) 自诊断。对系统进行自诊断，与诊断仪连接输出故障代码和数据流。

(12) 数据连接。中控单元与车门控制单元及其他单元通过 CAN 总线进行连接，交换数据。

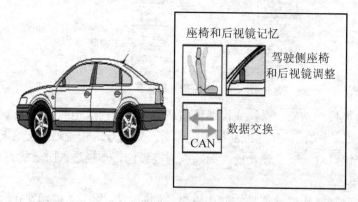

图 3-2 座椅后视镜控制功能

2. 中控锁的工作过程

中控锁的工作过程如图 3-3 所示。

(1) 钥匙锁门，发出锁门指令。

(2) 门锁单元接收钥匙开关信息，发出安全锁请求。

(3) 车门控制单元发出锁门指令,门锁电动机动作。
① 电动机旋转,向下拉门锁插销至门锁锁止位置。
② 电动机继续旋转使门锁锁止机构与插销脱开,进入安全锁状态。
(4) 门锁电动机发出安全锁反馈信号。
(5) 车门控制单元确认安全锁执行,30s 后进入防盗状态,防盗指示灯闪烁。

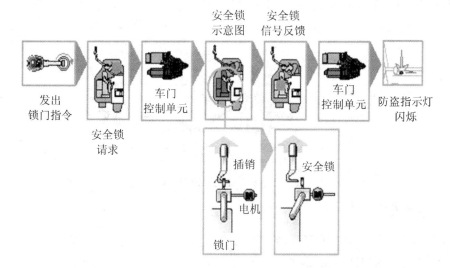

图 3-3 中控锁的工作过程

3. 门锁状态识别

图 3-4 所示为车门状态识别过程。

(1) 车门打开。门锁凸缘压住微动开关,开关闭合,车门灯点亮。
(2) 预关闭。关上车门,旋转锁闩转动,带动门锁凸缘旋,开关仍然闭合。
(3) 车门关闭。旋转锁闩带动门锁凸缘离开微动开关,微动开关断开,车门灯熄灭。

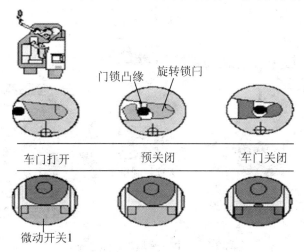

图 3-4 门锁状态识别过程

4. 安全锁状态识别

如图 3-5 所示为安全锁状态识别过程。

(1) 安全锁。微动开关 5 闭合,微动开关 4 断开。

(2) 普通锁止。微动开关 4、5 均断开。

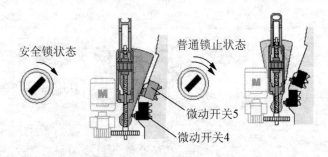

图 3-5 安全锁状态识别过程

5. 中控天窗联动

如图 3-6 所示,中控天窗联动工作过程如下。

(1) 钥匙开关发送请求锁门。

(2) 车门控制单元发送持续闭锁请求。

(3) 舒适单元发送电动窗、天窗闭合指令。

(4) 天窗单元控制天窗电动机闭合天窗。

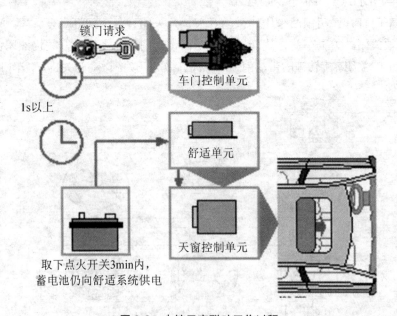

图 3-6 中控天窗联动工作过程

任务3 中控锁不工作故障的检修

6. 无线遥控

如图3-7所示，无线遥控的工作过程如下。

(1) 遥控器发出锁门/解锁信息。
(2) 无线接收器接收信息并传送给舒适单元。
(3) 舒适单元检测车头盖、车门、尾箱是否闭合。
(4) 舒适单元发送锁门/解锁信息给各个车门控制单元。
(5) 车门控制单元控制车门锁电动机工作，执行锁门/解锁动作。

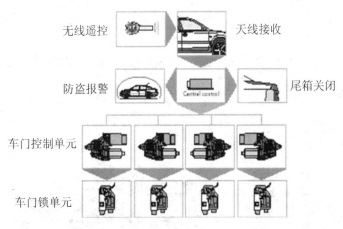

图3-7 无线遥控的工作过程

7. 后门儿童锁

为了防止后座的儿童意外拉开后门锁，车辆后面两个门锁具有儿童锁功能，即儿童锁起作用时，即使车门解锁，室内也无法打开车门。图3-8所示为儿童锁锁止与解锁的状态。

图3-8 儿童锁锁业与解锁的状态

3.1.2 大众维修手册

1. 维修手册的种类

维修手册有纸质版和电子版两种。电子版维修手册存在于大众"TEIS"售后服务信息系统中。

2. TEIS售后信息系统

TEIS系统的组成：如图3-9所示，大众TEIS售后服务信息系统包括用户信息的权限设置、维修装备、修理手册、电路图、工位工时、损伤代号、订购与服务以及系统设置等几个部分。

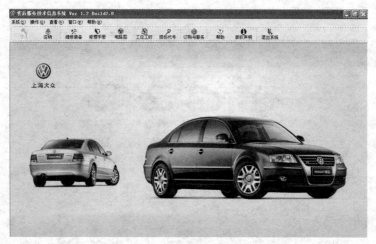

图 3-9　TEIS 基本目录

① 用户权限设置。可根据不同岗位的需求设置可查看和使用信息的权限，例如车间和配件人员的不同权限。

② 维修装备。包括维修设备，例如空调雪种加注机；专用工具，例如传动轴压出器 SVW4601-330；工作服，例如维修人员、接待人员、管理人员的不同服装配置；和其他非专用工具、耗材、辅料，例如油品、荧光测漏剂等。

③ 修理手册(即维修手册)。包括常规保养，例如首保及 2000km 保养项目和操作步骤；动力装置，例如 1.8T 发动机机械和电控部分的维修与诊断；传动装置，例如变速箱的机械以及电控的诊断与维修；底盘装置，例如 ABS/ESP 的故障诊断与维修；车身，例如车身的矫正、车门的拆装、舒适系统的故障诊断与维修；暖风装置和空调器，例如手动、自动空调的拆装及故障诊断；汽车电气设备，如仪表、防盗等；还有补充信息、自学手册。

④ 电路图。包含所有车型各系统电路图，例如帕萨特领驭舒适系统电路图。

⑤ 工位工时。包含各类维修、保养的拆装、检测的厂家建议工时费，例如新车检查项目，工时费为 90 元人民币。

⑥ 损伤代号。元件的位置图或分解图，有相对应的故障损伤代号，例如 1958017 表示节温器卡滞。

⑦ 订购与服务。系统在线订购工具、设备等。

3. 信息检索

如图 3-10 所示，大众 TEIS 维修手册可检索车身舒适控制系统的相关信息。以查询舒适系统零件号为例，查询路径：PASSAT→车身→帕萨特车身自诊断→01 自诊断→舒适系统自诊断→查询控制单元版本→修理组 01-147-01-148。

图 3-10　信息检索参考图

3.2　识读电路图

3.2.1　电路识图

1. 电路图基本符号

电路图的基本符号的说明，参考表 3-1。

表 3-1　电路图基本符号

符　号	术语名称	符　号	术语名称
▯	保险丝	⇃	手动开关

续表

符　号	术语名称	符　号	术语名称
	蓄电池		温控开关
	启动机		按键开关 机械开关
	交流发电机		压力开关
	点火线圈		多挡手动开关
	火花塞和火花塞插头		继电器
	电热丝		灯泡
	电阻		双丝灯泡
	可变电阻		发光二极管
	内部照明灯		不可拆式导线接点
	显示仪表		线束内导线连接
	电子控制器		氧传感器
	电磁阀		电机

续表

符　号	术语名称	符　号	术语名称
	电磁离合器		双速电机
	接线插座		感应式传感器
	插头连接		爆震传感器
	元件上多针插头连接		数字钟
	元件内部导线接点		喇叭
	可拆式导线接点		扬声器
	自动天线		点烟器
	收放机		后窗除霜器

2. 电路识图结构

如图 3-11 所示，大众车系电路图主要由以下几部分组成。

(1) 电路图系统名称。"例如电路结构"、"基本电路图"、"1.8T 发动机"等。

(2) 元器件名称。该页电路图所包含的主要元器件属于电路图系统内的元件，例如启动机属于 1.8T 发动机的原价，则在 "1.8T 发动机" 系统电路图内查找启动机。

(3) 保险丝、继电器盒。用灰色区域标示，里面标注保险盒内电源、接地的走向和继电器的端子分布。

(4) 导线。电路走向、导线颜色、横截面积、接头端子等。

(5) 接地点。用圆圈标记，内有接地点位置。

(6) 电路接点编号。用于查找电路连接的接点位置，也就是对应的坐标关系。

(7) 元件说明。在每页电路图的右侧有关于本页所有元器件代码的名称、接头的端子、接地点的说明。

3. 电路识图例解

电路图图例说明，如图 3-12 所示，相关编号的说明见表 3-2。

交流发电机、蓄电池、启动机

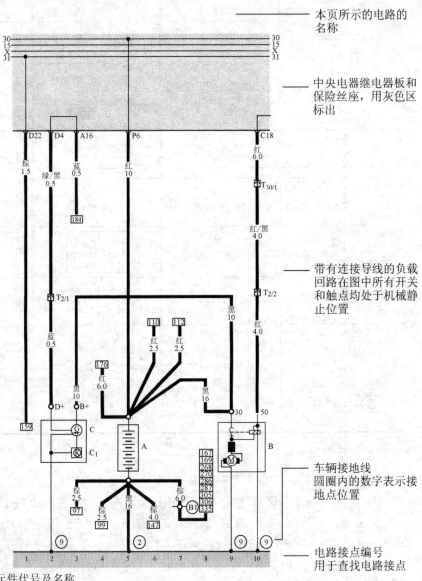

图 3-11 电路结构图

任务 3　中控锁不工作故障的检修

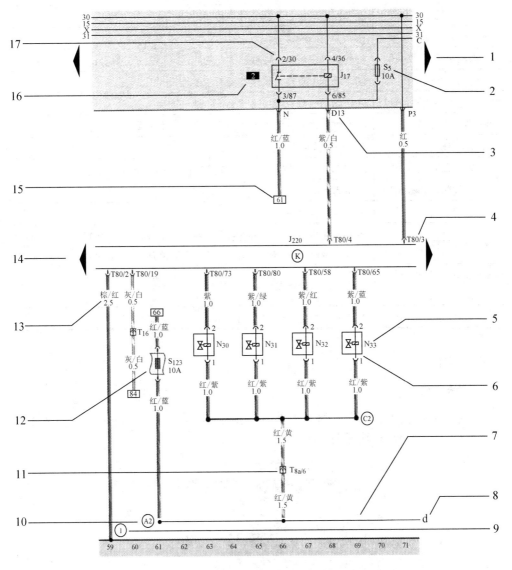

图 3-12　电路图例解

表 3-2

图例表示	图例说明
1—三角箭头	表示去往下一页电路图
2—保险丝代号	图中 S_5 表示保险丝在保险盒的 5 号位，10A
3—继电器板上插头连接代号	表示多针或单针插头导线的连接和导线的位置，例如 D13 表示 D 多针插头连接，D 插头的 13 号端子
4—插头/端子号	T80/3 表示 80 针插头的 3 号端子

续表

图例表示	图例说明
5—元件代码	在电路图右侧可查到元件名称
6—电路元件基本符号	图示为电磁阀符号
7—内部接线	细实线，表示元件或线路内部的连线，不表示实际导线
8—内部连线的去向	图示表示上页或下页电路图对应的连线"d"
9—接地点的代号	在电路图右侧说明中可找到该接地点的位置
10—线束内部节点	在右侧电路图说明中可找到该节点所处的线束
11—插头连接	T8a/6 表示 8 针 a 插头的 6 号端子
12—附加保险丝	S123 表示附加继电器板上 23 号位置的 10A 保险丝
13—导线颜色和截面积	单位为 mm^2
14—三角箭头	表示接上页电路
15—导线坐标	表示导线去向，框内的数字表示对应的节点，节点 "61" 与底部对应的数字坐标 "66" 对应，在节点 "66" 的位置，对应的底部坐标为 "61"
16—继电器板上的继电器位置编号	图示表示该继电器位于继电器板上 2 号位置
17—继电器底座端子号	2/30 表示继电器的 30 端子连接于继电器底座的 2 号位置

3.2.2 电源供给

1. 保险丝

保险丝托架位于仪表台左侧，如图 3-13 所示，保险丝有不同的色标，代表不同的安培数，且保险丝有功能划分区域。

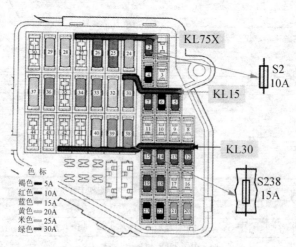

图 3-13 保险丝托架正面图

(1) 保险丝代号的识别。右侧的区域为主保险区域(1~23 号保险丝)，S2 表示位于保险丝托架的 2 号位的 10A 保险丝；左侧为辅助保险区域(24~44 号保险丝)，S238 表示位于保险丝托架 38 号位的 15A 保险丝。

(2) 电源功能区。卸荷电源 75X，有 2 和 24~27 号保险丝；点火电源 15，有 5~7 和 31 号保险丝；常电源 30，有 12~15 和 38~42 号保险丝。

2. 点火开关

点火开关为多挡联动开关，点火开关导通状况列于表 3-3 中。

表 3-3 点火开关导通状况

点火开关的状态	导通状况						
	30	75	50b	50	15	P	86S
钥匙拔出	●					●	
钥匙在锁芯内	●					●	●
钥匙在点火挡	●		●		●		●
钥匙在启动挡	●	●		●	●		●

点火开关上有常电源 30，停车灯电源 P，S 触点电源 86S，卸荷电源 75，点火电源 15，启动电源 50 和 50b。点火开关各挡位状态如下。

(1) 钥匙拔出时各挡位状态，如图 3-14 所示。

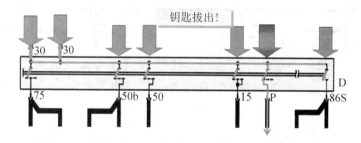

图 3-14 点火开关各挡位联动图(一)

(2) 钥匙在锁芯内时各挡位状态，如图 3-15 所示。

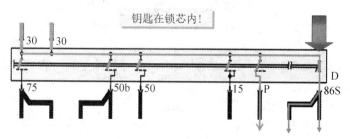

图 3-15 点火开关各挡位联动图(二)

(3) 钥匙在锁芯内转动到点火时各挡位状态，如图 3-16 所示。

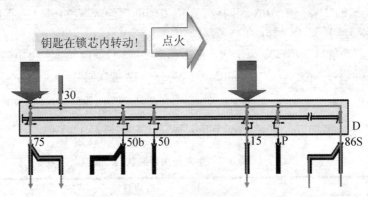

图 3-16　点火开关各挡位联动图(三)

(4) 钥匙在锁芯内转动到启动时各挡位状态，如图 3-17 所示。

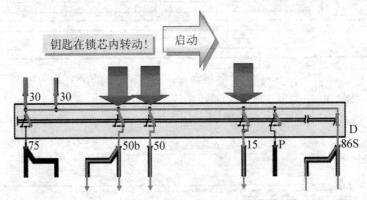

图 3-17　点火开关各挡位联动图(四)

3. 中央继电器板

中央继电器板包括继电器、主电源分配端子、部分保险丝。中央继电器板位于仪表台左下侧，驾驶位脚踏板上方。图 3-18 为继电器板正面图，图 3-19 为继电器板元件分布图。

(1) 继电器的布置。继电器板分主继电器板和辅助继电器板两部分，上半部分 1～13 号继电器位置属于主继电器板，下半部分 1～6 号继电器位置为辅助继电器板。

(2) 继电器的编号。继电器的上盖正面标注继电器的序列编号，侧面标注继电器的零配件号码，如图 3-19 所示，如散热风扇继电器的编号为"373"，零配件号码为"4D0 951 253"。

(3) 元件代码。继电器在电路图中用元件代码表示，在电路图中可以根据元件代码查找元件名称，图 3-18 所示 J_{59} 为卸荷继电器，安装于辅助继电器板 2 号位置。

(4) 继电器的端子。图 3-18 所示为继电器底座的端子编号，标注于继电器板上，例如散热风扇继电器 J_{59} 在继电器板上的端子号为 5～8 号，图 3-19 所示为继电器端子号，标注于继电器上，例如 30、87 为继电器的端子号。继电器板上的端子号与继电器端子号在电路图中一并标出，例如电路图中 J_{59} 的端子号 7/30 表示继电器的 30 号端子与继电器板的 7 号端子对接。

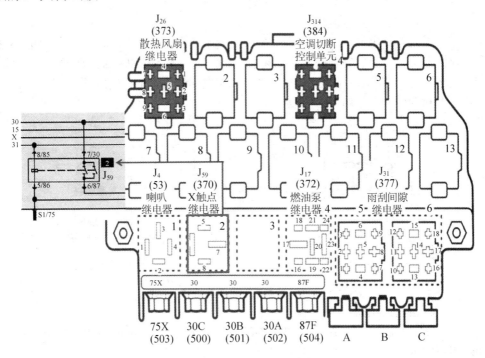

图 3-18 继电器板正面图

(5) 电源分配端子。图 3-18 所示 75X、30、87F 分别为卸荷电源、常电源、油泵继电器电源输出。

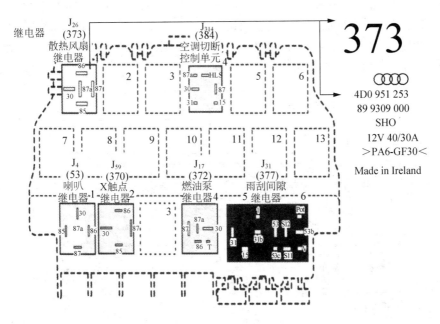

图 3-19 继电器板元件分布图

4. 继电器工作原理

1) 通用型继电器

继电器是一个电气开关，它用一个小电流控制一个大电流。继电器结构如图 3-20 所示。图(a)为其静止状态，85 和 86 间为一组铁芯线圈，30 和 87a 为常闭触点，30 和 87 为常开触点。图(b)为其通电状态，铁芯线圈在通电情况下产生磁场，拉动触点臂，使常开触点 30 和 87 导通。

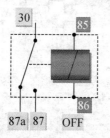   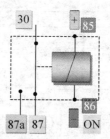

(a) 继电器静止状态　　　　　　　　　(b) 继电器通电状态

图 3-20　双触点继电器的工作示意图

2) 大众油泵继电器

(1) 油泵继电器 J_{17} 的结构。如图 3-21 所示，油泵继电器 J_{17} 由内置的 IC 放大器和继电器组成。

(2) 油泵工作。发动机启动时，发动机 ECUJ220 接收到曲轴旋转信号，J220 通过油泵继电器 J_{17} 的 T 端子向 IC 放大器发出油泵工作请求信号，IC 放大器控制油泵继电器的线圈 86 端接地，线圈通电工作，继电器触点 30 和 87 闭合，燃油泵工作。

(3) 燃油切断。当车辆发生碰撞，且安全气囊引爆时，安全气囊控制单元 J234 向油泵继电器 J_{17} 的 IC 放大器发出燃油切断请求，IC 放大器断开继电器线圈 86 端的接地，线圈停止通电，继电器触点 30 和 87 断开，燃油泵 G6 停止工作，以防止车辆发生碰撞时，燃油泄漏而造成危害。

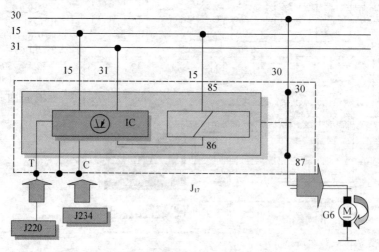

图 3-21　油泵继电器 J_{17} 工作示意图

3.3 车门锁检修

3.3.1 数据流分析

1. 读取数据流

(1) 数据流的读取。诊断仪通过 08 功能组，再选择相应的数据组，读取数据流。以帕萨特领驭为例，有 01~15 共 15 组数据流，每组数据流都有 4 个区域，根据配置不同，个别区域可能不显示数据。

(2) 各数据组的含义。参考 TEIS 修理手册，路径：PASSAT→车身→帕萨特车身自诊断→01 自诊断→舒适单元的自诊断→读取测量值块→01-209-01-212。

(3) 数据组的分布。数据组 01~05 为电动车窗、后视镜数据流；06 数据组为电源监控数据流；07~11 数据组为中控锁数据流；12 数据组为舒适总线通信数据流；13~15 数据组为无线遥控检测数据流。

2. 分析数据流

以 06 数据组为例说明，如图 3-22 所示。
数据含义参考表 3-4。

表 3-4 数据含义

区域 1	蓄电池电压——12.8V
区域 2	点火开关打开端子 15 有电压
区域 3	钥匙未拔出，S 触点导通
区域 4	车辆静止，车速为 0.0km/h

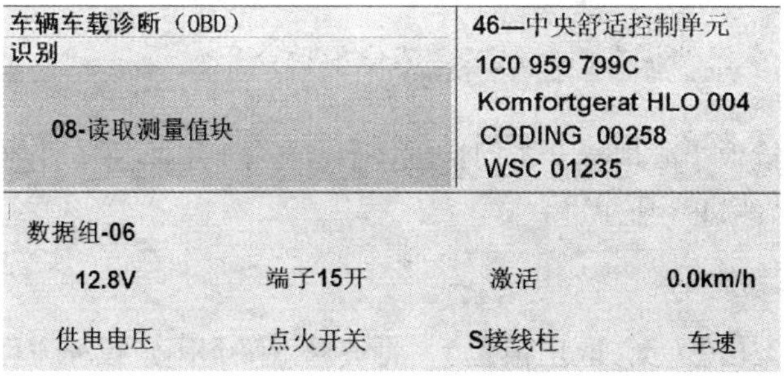

图 3-22 数据说明

3.3.2 车门锁的拆装与测试

车门锁的拆装，参考 TEIS 修理手册，路径：PASSAT→车身→帕萨特一般车身修理→修理组 57-前车门/车门内部配件/中央集控装置。

1. 拆卸钥匙锁芯

(1) 如图 3-23(a) 所示，拆下帽盖 4，在安装时对准图中 3 的位置。

(2) 如图 3-23(b) 所示，拉开车门把手 1 并保持，用内六角旋出螺钉 3，取出钥匙锁芯 2(带罩盖)。

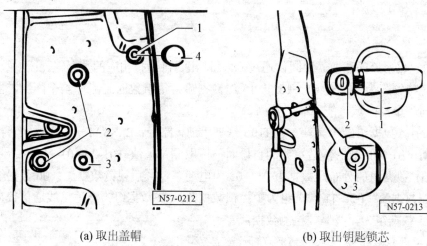

(a) 取出盖帽   (b) 取出钥匙锁芯

图 3-23 拆卸钥匙锁芯示意图

2. 拆卸右前车门饰板

车门饰板的拆装，参考 TEIS 修理手册，路径：PASSAT→车身→帕萨特一般车身修理→70-车身内饰→前乘客侧车门内饰的拆卸→修理组 70-17-70-20。

(1) 拆卸车门玻璃压条。

(2) 取出车门内扶手 3 的外盖，拆下车门饰板固定螺栓 1 和 2，如图 3-24(a) 所示。

注意

内扶手 3 与车门饰板需同时取下，不能单独分开。

(3) 用塑料撬板小心地撬开车门饰板，手拿住车门内扶手，用力向上提拉车门饰板并取下，如图 3-24(b) 所示。

3. 拆下车门锁

(1) 如图 3-25(a) 所示，取出帽盖 1，将玻璃下降到固定螺栓方便拆卸的位置，拆下玻璃与升降器的固定螺栓 2，将玻璃平滑向上移动，用胶带固定于门框。

(2) 松开有阻挡的线束插头。

(3) 松开车门锁与门框的固定螺栓，取下玻璃升降器与车门锁的组合支架。

(4) 用冲头取出车门锁与组合支架的固定卡簧，如图 3-25(b) 所示。

(5) 分开车门锁与内拉手和外拉手连接的拉索，取下车门锁。

任务3 中控锁不工作故障的检修

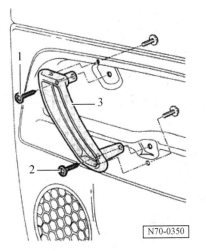
(a) 拆卸饰板固定螺栓

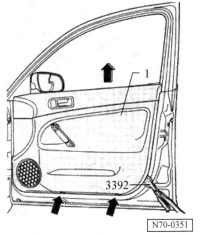
(b) 取出车门饰板

图 3-24 拆卸右前车门饰板示意图

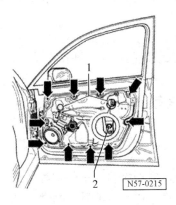
(a) 松开玻璃固定螺栓

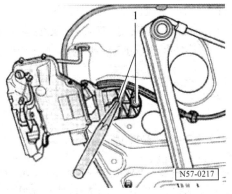
(b) 取出车门饰板

图 3-25 拆卸右前车门锁示意图

4. 车门锁的测试

如图 3-26 所示,根据车门锁的结构对驾驶侧车门锁进行测试。

(1) 微动开关 1。检测车门打开和关闭状态。

(2) 微动开关 2、3。钥匙锁门、解锁时,检测锁门、解锁需求信号。

(3) 微动开关 4、5。检测门锁锁止机构位置、"锁门"和"安全锁"位置。

(4) 旋转锁闩。打开和关闭车门,锁闩带动门锁凸缘触动微动开关 1,使微动开关闭合和断开。

(5) 车门外拉手连杆。连接车门外拉手,车门解锁时,从外面打开车门。

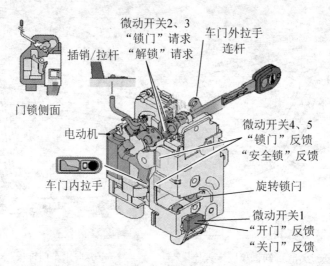

图 3-26　车门锁结构图

(6) 车门内拉手。车门解锁时从车内打开车门，当车门上锁，单位进入安全锁状态(例如行车时)，连拉两次车门内拉手，可打开车门。

(7) 电动机。执行锁门、解锁、安全锁动作。

(8) 插销/拉杆。联动锁门机构，向下动作表示锁门，向上动作表示解锁。

3.4　遥控器和智能系统

3.4.1　遥控器的类型及原理

无线遥控器英文为 Wireless Remote Control，时至今日，无线遥控器已经在生活中得到了越来越多的应用，给人们带来了极大的便利。随着科技的进步，无线遥控器也扩展到了许多种类，简单来说常见的有两种：一种是家电常用的红外遥控模式(IR Remote Control)，另一种是防盗报警设备、门窗遥控、汽车遥控等常用的无线电遥控模式(RF Remote Control)。两者各有不同的优势，应用的领域也有所区别。

1. 红外遥控器

(1) 红外遥控器(IR Remote Control)是利用波长为 0.76~1.5μm 之间的近红外线来传送控制信号的遥控设备。

(2) 常用的红外遥控系统一般分发射和接收两个部分。

① 发射部分。主要元件为红外发光二极管。它实际上是一只特殊的发光二极管，由于其内部材料不同于普通发光二极管，因而在其两端施加一定电压时，它发出的是红外线而不是可见光。目前大量使用的红外发光二极管发出的红外线波长为 940nm 左右，外形与普通发光二极管相同，只是颜色不同。

② 接收部分。主要元件为红外接收光敏二极管，一般有圆形和方形两种。在实

际应用中要给红外接收二极管加反向偏压，它才能正常工作，亦即红外接收二极管在电路中应用时是反向运用，这样才能获得较高的灵敏度。由于红外发光二极管的发射功率一般都较小(100mW 左右)，所以红外接收二极管接收到的信号比较微弱，因此就要增加高增益放大电路，最近几年大多都采用成品红外接收头。

③ 红外接收头。成品红外接收头的封装大致有两种：一种采用铁皮屏蔽；一种是塑料封装。两种均有 3 只引脚，即电源正(VDD)、电源负(GND)和数据输出(VOUT)。红外接收头的引脚排列因型号不同而不尽相同，可参考厂家的使用说明。成品红外接收头的优点是不需要复杂的调试和外壳屏蔽，使用起来如同一只三极管，非常方便。但在使用时需注意成品红外接收头的载波频率。

(3) 载波频率。红外遥控常用的载波频率为 38kHz，这是由发射端所使用的 455kHz 晶振来决定的。在发射端要对晶振进行整数分频，分频系数一般取 12，所以 $455 \div 12 \approx 37.9 \text{kHz} \approx 38 \text{kHz}$；也有一些遥控系统采用 36kHz、40kHz、56kHz 等，一般由发射端晶振的振荡频率来决定。

(4) 红外遥控的特点。其特点是不影响周边环境、不干扰其他电器设备。由于其无法穿透墙壁，故不同房间的家用电器可使用通用的遥控器而不会产生相互干扰；电路调试简单，只要按给定电路连接无误，一般不需任何调试即可投入工作；编解码容易，可进行多路遥控。

2. 无线电遥控器

(1) 工作原理。无线电遥控器(RF Remote Control)是利用无线电信号对远方的各种机构进行控制的遥控设备。这些信号被远方的接收设备接收后，可以指令或驱动其他各种相应的机械或者电子设备去完成各种操作，如闭合电路、移动手柄、开动电机，之后，再由这些机械进行需要的操作。作为一种与红外遥控器相补充的遥控器种类，它在车库门、电动门、道闸遥控控制，汽车用防盗报警器，工业控制以及无线智能家居领域得到了广泛的应用。

(2) 组成。常用的无线电遥控系统一般分发射和接收两个部分。

① 发射部分。一般分为两种类型，即遥控器与遥控模块。遥控器和遥控模块是对于使用方式来说的：遥控器可以当一个整机来独立使用，对外引出线有接线桩头；而遥控模块在电路中当一个元件来使用，根据其引脚定义进行应用。使用遥控模块的优势在于可以和应用电路天衣无缝地连接、体积小、价格低、物尽其用，但使用者必须真正懂得电路原理，否则还是用遥控器方便。

② 接收部分。一般来说也分为两种类型，即超外差与超再生接收方式：超再生解调电路也称超再生检波电路，它实际上是工作在间歇振荡状态下的再生检波电路；超外差式解调电路与超外差收音机相同，它是设置一本机振荡电路产生振荡信号，与接收到的载频信号混频后，得到中频(一般为 465kHz)信号，经中频放大和检波，解调出数据信号。由于载频频率是固定的，所以其电路要比收音机简单一些。超外

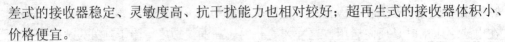

差式的接收器稳定、灵敏度高、抗干扰能力也相对较好；超再生式的接收器体积小、价格便宜。

(3) 载波频率。无线电遥控常用的载波频率为 315MHz 或者 433MHz。遥控器使用的是国家规定的开放频段，在这一频段内，发射功率小于 10mW、覆盖范围小于 100m 或不超过本单位范围的，可以不必经过"无线电管理委员会"审批而自由使用。我国的开放频段规定为 315MHz，而欧美等国家规定为 433MHz，所以出口到上述国家的产品应使用 433MHz 的遥控器。

(4) 编码方式。无线电遥控常用的编码方式有两种类型，即固定码与滚动码两种。滚动码是固定码的升级换代产品，目前凡有保密性要求的场合，都使用滚动编码方式。

(5) 滚动码编码的特点。

① 保密型强。每次发射后自动更换编码，别人不能用"侦码器"获得地址码。

② 编码容量大。地址码数量大于 10 万组，使用中"重码"的概率极小。

③ 对码容易。滚动码具有学习存储功能，不需动用烙铁，可以在用户现场对码，而且一个接收器可以学入多达 14 个不同的发射器，在使用上具有高度的灵活性。

④ 误码小。由于编码上的优势，使得接收器在没有收到本机码时的误动作几乎为 0。

固定码的编码容量仅为 6561 个，重码概率极大，其编码值可以通过焊点连接方式被看出，或是在使用现场用"侦码器"来获取，所以不具有保密性。主要应用于保密性要求较低的场合，因为其价格较低，所以也得到了大量应用。

(6) 无线电遥控的特点。

① 发射功率。发射功率大则距离远；但耗电大，容易产生干扰。

② 接收灵敏度。接收器的接收灵敏度提高，遥控距离增大，但容易受干扰造成误动或失控。

③ 天线。采用直线型天线，并且相互平行，遥控距离远；但占据空间大，在使用中把天线拉长、拉直可增加遥控距离。

④ 高度。天线越高，遥控距离越远，但受客观条件限制。

⑤ 阻挡。目前使用的无线遥控器使用国家规定的 UHF 频段，其传播特性和光近似，直线传播，绕射较小。发射器和接收器之间如有墙壁阻挡将大大打折遥控距离，如果是钢筋混泥土的墙壁，由于导体对电波的吸收作用，影响更甚。

3. 无线电遥控器与红外遥控器的区别

红外遥控和无线遥控是对不同的载波来说的：红外遥控器是用红外线来传送控制信号的，它的特点是有方向性、不能有阻挡、距离一般不超过 7m、不受电磁干扰，电视机遥控器就是红外遥控器；无线电遥控器是用无线电波来传送控制信号的，其特点是无方向性、可以不"面对面"控制、距离远(可达数十米，甚至数千米)，但容易受电磁干扰。由于汽车遥控器受挡风玻璃和车窗玻璃的遮挡,因此只能用无线电遥控器。

3.4.2 遥控器电池的更换

1. 遥控器更换电池的必要性

汽车的遥控钥匙在使用一段时间后,遥控距离会越来越近,遥控器上的指示灯变暗,或者有时发现遥控按键的时间延长。例如,在电池容量比较满的时候开启汽车的后备箱,刚按上开启键后备箱的盖马上就开了;但使用了一段时间后,按键的时间长就会延长,有时甚至打不开,这时就要将遥控器靠近前车门的位置才能打开,这就是因为遥控器的电池电量变化,电压变低,从原理上讲就是遥控器的发射能力下降了,如以前是 50mW,现在只剩 20mW 了。

2. 遥控器的组成

如图 3-27 所示,遥控器与点火主钥匙集成一体,包括以下部件:1-发射器单元-上部;2-纽扣电池;3-接触板;4-纽扣电池;5-发送器单元-下部;6-带有可变编码的主钥匙。

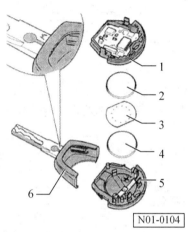

图 3-27 遥控器分解图

3. 遥控器更换电池

(1) 如图 3-28(a)所示,用小螺丝刀插入主钥匙与发射器单元之间,沿箭头所示方向撬出发射器单元。

(2) 松开发射器单元的两个搭扣。

(3) 如图 3-28(b)所示,用小螺丝刀沿箭头方向从电池夹 2 中撬出电池 1。

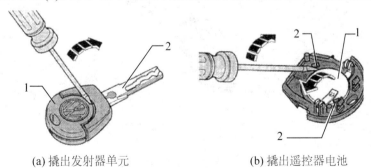

(a) 撬出发射器单元　　　　　(b) 撬出遥控器电池

图 3-28 遥控器更换电池的示意图

3.4.3 智能进入和启动授权系统

1. 系统的功能

(1) 进入和启动授权系统的舒适性功能(Keyless Start Exit and Security System)可以将车辆上锁和开锁，也可以打开和关闭发动机，而无需使用带有无线遥控器的点火钥匙。

(2) 在打开和关闭车辆过程中虽然必须携带带有无线遥控器(RRC)的点火钥匙，但是不再需要按下遥控按钮。同样，发动机的启动和关闭也无需主动操纵带已授权的无线收发器的点火钥匙。

2. 系统的组成

如图 3-29 所示，进入和启动授权系统主要包含智能钥匙、带电子系统的车外门把手、室内天线、保险杠中的车尾天线、进入和启动授权系统开关、进入和启动授权系统按钮、进入和启动授权 ECU 以及电子方向柱联锁装置等部件。

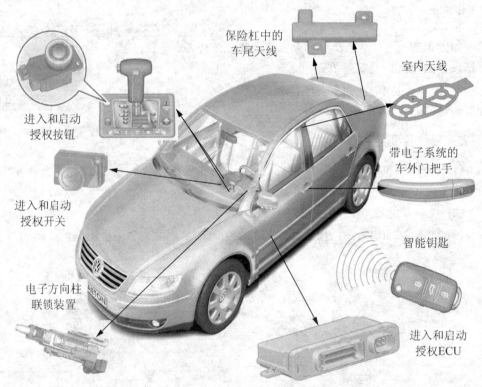

图 3-29 进入和授权系统元件位置图

3. 系统的工作过程

借助智能钥匙，可以实现车辆访问和发动机启动，图 3-30 表示进入和启动授权系统的工作过程。

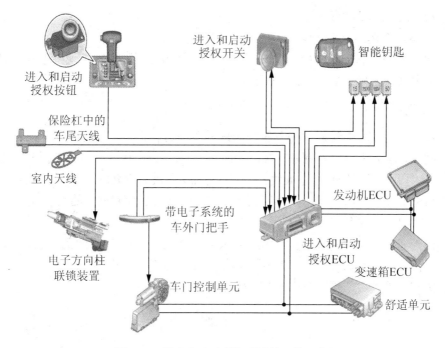

图 3-30 进入和启动授权系统的工作示意图

(1) 当用户拿着授权的智能钥匙靠近车辆时,在接触车门外把手的瞬间,进入和启动授权系统控制单元开始通过安装在车门拉手中的车外天线向智能钥匙中的无线收发器发出电感式查询。如果控制单元识别该智能钥匙为有权利访问车辆,它将该信息发送到舒适系统的中央控制单元上。

(2) 舒适系统中央控制单元向被要求打开车门的控制单元发出开锁指令。该车门控制单元将车门解锁。每扇车门都可以用来访问车辆,它根据密码分为单门打开或全部打开。

(3) 当进入和启动授权系统控制单元功能失灵时,可以用驾驶员侧车门门锁中的应急锁芯打开车门。利用尾门中的应急锁芯(藏在 VW 徽标中)可以打开尾门。

(4) 不用点火钥匙启动发动机。

① 使用本功能时,带有已授权的无线收发器的点火钥匙不必插入进入和启动授权系统开关。但是它必须位于车内,这样,当将进入和启动授权按钮按到第一个槽中时就可以通过车内天线开始感应式查询了。

② 点火钥匙发出一个加密的反馈信息给进入和启动授权系统控制单元。如果点火钥匙被识别为已授权,按下进入和启动授权按钮的第一级时,电动机械式转向柱联锁装置(ESL)将被打开,S 触头接通,电源 15SV 被激活,音响和点烟器可以工作。在正常情况下将进入和授权按钮按到第一个槽中,点火开关将被接通,电源 15、75(X)被激活,仪表指示灯点亮。

③ 在满足下列条件的情况下,将进入和启动授权按钮按到第一个槽中启动发动机。

a) P/N 信号(自动变速箱)。
b) 踩下离合器(手动变速箱)。

(5) 利用进入和启动授权系统按钮也可以关闭发动机。这时，必须将进入和启动授权系统按钮按到第二个槽中。

4. 天线

进入和启动授权系统需要检测智能钥匙的距离与存在，以精确控制车门锁及启动发动机。天线分为室内和室外天线，如图 3-31 所示，室内天线包括车内开关盒天线 R138、中央扶手天线和通道天线 R139 以及后窗台板天线 R137；室外天线包含有左侧车门把手天线 R134、右侧车门把手天线 R135 以及后保险杠内的天线 R136。

1) 车内天线

车内天线位于车内，在启动过程、行驶和锁止过程中用于探测带有已授权的无线收发器的点火钥匙。车内天线的探测范围覆盖了整个汽车内部空间。车内天线的探测范围与车外天线的探测范围不会产生重叠。

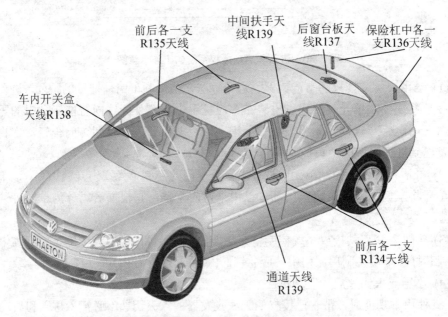

图 3-31　天线分布图

2) 车外天线

车外天线用于在开锁和关锁过程中探测带有已授权的无线收发器的点火钥匙。带有已授权的无线收发器的点火钥匙的位置只被区分为驾驶员侧、副驾驶员侧或尾门处。车外天线的探测范围约在各个操作位置(车门和尾门)周围 1.5m 内，探测高度在 0.1~1.8m 之间。车外天线的探测范围如图 3-32 所示。

任务 4　数据总线故障的检修

工作任务	数据总线故障检修	教学模式	任务驱动
建议学时	40 学时	教学地点	一体化实训室
学习目标	\multicolumn{3}{l}{1. 能够执行仪表工况检查的操作规程，树立良好的安全文明操作意识 2. 能够根据维修手册和其他资源分析数据总线的常见故障原因 3. 能够描述数据总线的检查项目和技术要求 4. 能够主动获取信息，展示学习成果，对工作过程进行总结与反思，与他人进行有效沟通，团结协作 5. 能够运用所学知识，为顾客通过仪表正确认识汽车运行状态提出合理化建议}		
学习活动	学习活动	\multicolumn{2}{l}{活动内容}	
	学习活动 1　数据总线故障的初步检查与确认	\multicolumn{2}{l}{1. 识别并检查仪表指示灯、警告灯和状态表 2. 根据电路图册识别实车数据总线导线颜色 3. 查找仪表故障相关的数据总线组件 4. 确认故障现象，并使用诊断仪初步检测}	
	学习活动 2　数据总线故障的维修方案制订	\multicolumn{2}{l}{1. 识读帕萨特仪表系统电路图 2. 绘制实车仪表总线控制电路图 3. 据电路图册识别实车数据总线部件 4. 制订维修方案并展示、评价}	
	学习活动 3　数据总线故障的维修方案实施	\multicolumn{2}{l}{1. 检测蓄电池电压及仪表电源电压 2. 检测仪表工作状态并判断性能 3. 检测仪表保险及数据总线线路 4. 拆卸控制单元并替换 5. 更换故障部件或修复线路，排除故障}	
	学习活动 4　数据总线故障的维修完工检验	\multicolumn{2}{l}{1. 检查仪表指示灯、警告灯及状态表 2. 提出通过仪表状态判断故障的合理化建议 3. 总结工作思路并展示、评价}	
学习准备	\multicolumn{3}{l}{1. 工具、设备：帕萨特电器实训台或整车，工具车，数字式万用表，仪表测试仪，蓄电池测试仪、诊断仪，电压测试仪，辅助测量线，示波器，线束修补工具，电烙铁(焊锡丝、焊锡膏) 2. 学习材料：帕萨特维修手册，帕萨特用户手册，维修工单，白板笔，彩笔，展示板，图钉，磁铁，A2、A3、A4 纸，彩色贴纸 3. 备用器材：双绞线，仪表灯灯泡，安全气囊控制单元，仪表总成，绝缘胶布 4. 耗材：抹布若干，化清剂，汽油}		

任务3 中控锁不工作故障的检修

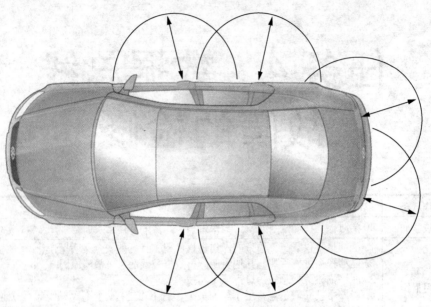

图 3-32 车外天线探测范围

任务4　数据总线故障的检修

任务描述

车主孙先生在驾驶帕萨特B5轿车的行驶途中,发现机油压力警告灯与安全气囊故障指示灯报警,同时发动机转速表不能运行。现车辆进厂维修。作为维修技工,我们需要按照前台的维修工单作业,查阅维修手册,参考相关资料排除仪表警告灯故障,恢复发动机转速表的正常工作,并最终在检验合格后交付前台。

4.1 大众车型仪表控制系统

4.1.1 仪表的功能

未来的汽车仪表将成为多功能信息显示中心，它把驾驶员需求的更多信息及时地显示出来，如故障诊断、地形图显示、导航及各种信息，如图 4-1 所示。

多功能汽车仪表功能主要包括车辆基本情况提示标识、灯光信息提示标识、变速箱/车辆行驶状态提示标识、电子安全装置/四驱系统标识、智能钥匙提示标识。

图 4-1 仪表指示灯信息

4.1.2 汽车仪表未来的发展方向

1. 网络通信

汽车仪表未来可以是一个主动的节点。发出请求，由发动机控制单元判断，然后给予占用总线空间的权利。网络的使用不仅可以减少线束，同时具有很高的网络安全性、通信可靠性和实时性，而且简单实用；网络成本低，从而特别适用于汽车计算机控制系统和环境温度恶劣、电磁辐射强和振动大的工业环境。

2. 信息显示中心

仪表是驾驶员与汽车进行信息交流的重要接口和界面。随着更好的人机交流，更多的安全性要求体现在仪表上，以便于客户了解整车目前的状态。汽车电子控制装置必须迅速、准确地处理各种信息，并通过电子仪表显示出来，使驾驶员及时了解并掌握汽车的运行状态，从面妥善处理各种情况。

3. 更大的记忆容量

通过增加 EEPROM 的容量或者整合主芯片的 EEPROM 的容量,仪表可以记录除里程外更多的信息,例如发动机的信息状态、上次车门关闭时很多保留状态的信息、驾驶者不同的舒适性要求、车子处于什么状态、空调如何调节等。

4. 低功耗及高整合度

在低功耗、节能的大环境下,汽车仪表也要节能,即一个是静态电流,一个可能是整体的功耗,所以电源的模式可能会从 LDO 的形势下,变成 DC-DC。同样在静态的条件下,要求关闭所有的外部器件,甚至是主芯片的电源,从而也要求有可靠的复位电路。

仪表的功能越来越复杂,但是整合度会要求越来越高,从而增加仪表的安全可靠性。仪表内可能只有主芯片和电源芯片,而驱动芯片整合在主芯片中,或者整合在液晶等器件中。

5. 传感器运用

对抗干扰能力较强和环境要求比较高的传感器,可能会安装在汽车仪表内,从而方便信号的处理和传输。

6. 个性化设置

可根据自己喜好调节仪表整体背光色彩。采用三原色的 LED 作为背光,客户可以根据自己的喜爱进行调节,在设计中可能增加 LED 的驱动,同时要做好散热的准备。

4.2 认识汽车车载网络

1. 车载网络产生的背景

随着汽车电气系统的复杂化,传统点到点间布线方式不仅增加了布线的复杂程度及成本,而且维修起来也很不方便。在汽车电气系统上,采用数据总线可以最大限度地提高系统整体效率,充分利用有限的资源。数据总线技术是指在数据线上分时多路传递多个信号,且可以被多个系统共同享用,可以通过不同的编码信号来表示不同的信号,并根据指令接通或断开对应的用电设备。

2. 大众车载网络分类

(1) CAN-Bus(控制器局域网)。

舒适系统-CAN　　　　　　　低速 CAN

信息系统 Infotainment-CAN　　低速 CAN

动力传动系统-CAN　　　　　高速 CAN

扩展-CAN	高速 CAN
组合系统-CAN	高速 CAN
诊断系统-CAN	高速 CAN

(2) LIN-Bus(局部互联网)。

它应用于舒适系统各种不同的中央控制器。

(3) MOST(多媒体定向系统传输)。

它应用于信息系统和综合媒体。

3. 大众车载网络传输速率

车载网络传输速率见表4-1。

表 4-1 车载网络传输速率

LIN 20kbps	舒适-CAN 100kbps	动力传动CAN 500kbps	MOST-Bus 21.2Mbps
0.05ms =50μs =50000ns	0.01ms =10μs =10000ns	0.002ms =2μs =2000ns	0.000047ms =0.047μs =47ns
1bit	5b	25b	1060b
在LIN-车载网络传递1b的时间例如在MOST-车载网络能够传递1060b	1b	5b	212b
	1b传递持续时间	1b	42b

4. 大众车载网络拓扑结构

大众车载网络控制单元位置示意图和拓扑图分别示于图4-2和图4-3中。

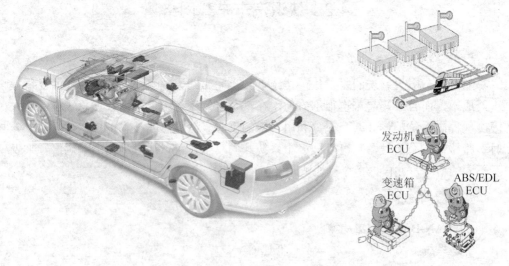

图 4-2 车载网络控制单元位置示意图

任务 4　数据总线故障的检修

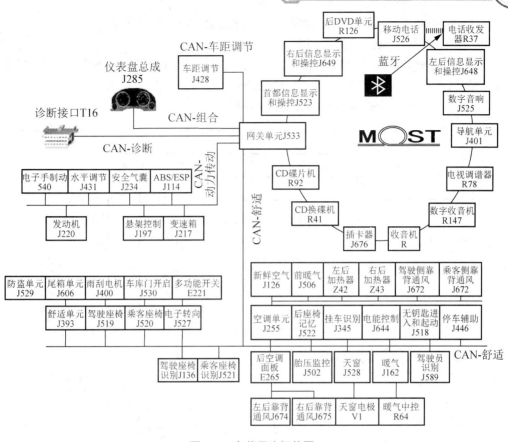

图 4-3　车载网络拓扑图

5. CAN 数据总线认识

CAN(控制器局域网)数据总线是一种双线串行数据通信总线，具有优先权和仲裁功能，是国际上应用最为广泛的现场总线之一。

CAN 数据总线的通信介质可以是双绞线、同轴电缆或光导纤维，通信速率可达 1Mbps，距离可达 10km。

CAN 总线废除了传统的站地址编码，并通过对通信数据进行编码，使网络的节点个数理论上不受限制。

CAN 总线通过差分数据传输及较强的纠错能力，使得其传输的距离和可靠性得到保障。

CAN 数据总线的通信介质为双绞线，导线颜色和横截面积如图 4-4 所示。

6. CAN 数据总线传输系统组成

CAN 数据总线传输系统组成一般包括以下三部分。

动力传动-CAN
CAN-高位=橙/黑
CAN-低位=橙/棕

舒适-CAN
CAN-高位=橙/绿
CAN-低位=橙/棕

扩展-CAN
CAN-高位=橙/黑
CAN-低位=橙/棕

组合-CAN
CAN-高位=橙/蓝
CAN-低位=橙/棕

唤醒-导线=绿/黑

诊断-CAN
CAN-高位=橙/红
CAN-低位=橙/棕

导线横截面统一为 $0.35mm^2$

图 4-4　CAN 数据总线导线颜色与横截面积

(1) 控制单元。控制单元内部包含 CAN 控制器和 CAN 收发器。
(2) 数据总线。数据总线的作用是传递数据。
(3) 终端电阻。终端电阻的作用是阻碍末端返回数据的发送；也将作为返回的回声和数据窜改，通过此电阻可以进行故障诊断。

CAN 数据总线的传输系统组成如图 4-5 所示。

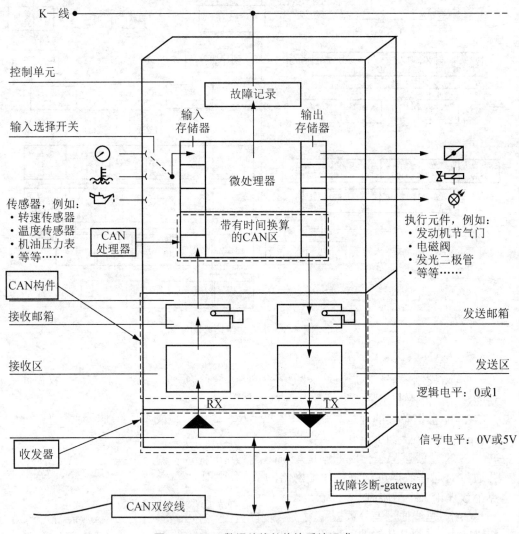

图 4-5　CAN 数据总线的传输系统组成

7. CAN 数据总线传递数据的基本组成

CAN 数据总线传递的数据是由帧起始域、识别区、校验域、数据域、安全域、控制域、帧结束域七部分组成。

CAN 数据总线的控制单元之间要能够正常进行通信必须遵循相关的规则，这些规则被称为 CAN 通信协议。CAN 数据总线的数据传递示意图如图 4-6 所示。

任务 4　数据总线故障的检修

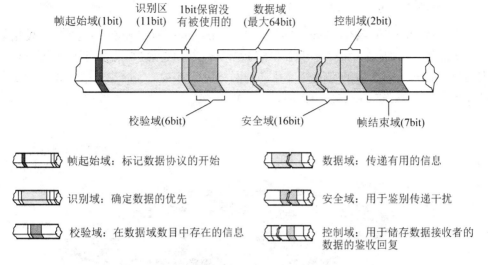

图 4-6　CAN 数据总线的数据传递示意图

8．LIN 网络

LIN 是 LOCAL INTERCONNECT NETWORK 的首字母简写，LIN 网络是一种廉价的单主/多从结构总线，单数据传递导线，最高传递速率 20kbps，LIN 网络的结构示意图如图 4-7 所示。

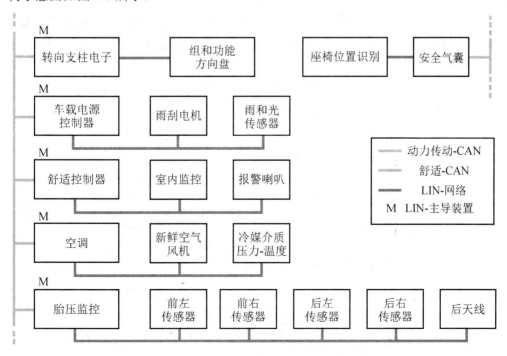

图 4-7　LIN 网络的结构示意图

103

9. 多媒体定向传输系统

多媒体定向传输系统(Media Oriented Systems Transport,MOST)是车辆中使用的一种多媒体应用通信技术,采用光纤作为通信介质,数据传输速度可达 24.8Mbps。它支持声音和压缩图像的实时处理及多种网络连接方式,同时也支持数据的同步和异步传输。MOST 控制单元的结构图如图 4-8 所示。

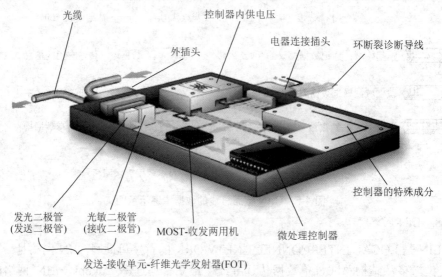

图 4-8　MOST 控制单元的结构图

MOST 车载网络的环形拓扑结构图示于图 4-9 中。MOST 网络中的控制单元内部组成包括有电光转换器、光电转换器、LWL 发射器、LWL 接收器,每个控制单元之间通过光纤连接。

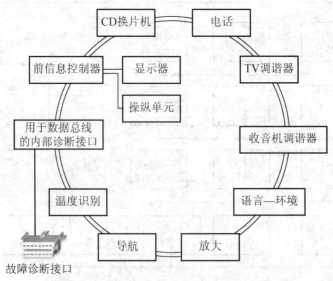

图 4-9　MOST 车载网络的环形拓扑结构图

MOST 总线的帧结构如图 4-10 所示,它表示了 MOST 总线数据的基本组成。

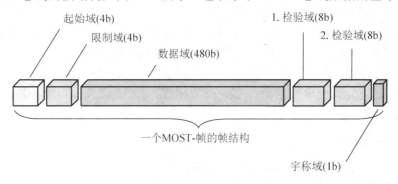

图 4-10　MOST 总线的帧结构图

在 MOST 网络中使用的光纤总线分为无源和有源两类:无源光纤总线由光纤和光纤耦合器构成;有源光纤总线较无源光纤还增加了光中继器或光放大器,以增加光信号。

最常用的光纤有塑料光纤(K-LWL)和玻璃纤维光缆(G-LWL)。MOST 总线使用的光缆是对灰尘不是很敏感且加工方便的塑料光纤,如图 4-11(a)所示。MOST 总线采用绿色光。光在光纤中传播过程中利用了光的总反射原理,如图 4-11(b)所示。

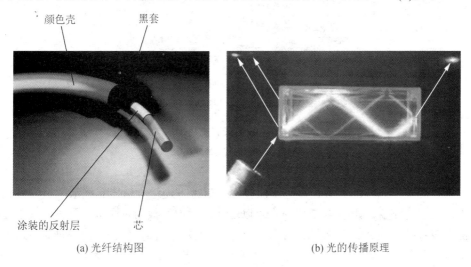

(a) 光纤结构图　　　　　　　　　　(b) 光的传播原理

图 4-11　MOST 的光纤示意图

4.3　数据流与波形

4.3.1　数据流分析

1. 读取数据流

(1) 数据流的读取。诊断仪通过 08 功能组,再选择相应的数据组,读取数据流。

以帕萨特为例，有 01～15 共 15 组数据流，每组数据流都有 4 个区域，根据配置不同，个别区域可能不显示数据。

(2) 各数据组的含义。参考 TEIS 修理手册，路径：PASSAT→动力装置→Passat2.0 发动机自诊断→01 自诊断→读取测量值块→01-53-01-56。

(3) 数据组的分布。数据组 00～06 为基本功能；10～26 数据组为点火数据流；30～34 数据组为氧调节数据流；50～66 数据组为转速调节数据流；120～125 数据组为通信数据流。

2. 分析数据流

以 06 数据组为例说明，如图 4-12 所示。

数据含义见表 4-2。

表 4-2

区域 1	发动机转——800r/min
区域 2	ECM 电压——14.4V
区域 3	冷却液温度——82.5℃
区域 4	进气温度——32℃

图 4-12 数据说明

4.3.2 CAN 数据总线波形图

通过对数据总线的波形进行测试比较，可以很方便地分析出总线故障点的位置及原因。采用检测盒，如图 4-13 所示，可以迅速准确地对数据总线进行测试。汽车连接检测盒 V.A.G1598/38 后，检测盒插头必须用车辆拔下的插头代替。检测时的线路连接请参考图 4-14。

图 4-13 检测盒 V. A. G1598/38

任务 4 数据总线故障的检修

4 电子驻车制动
3 ……
2 诊断接口
驾驶员和副驾驶动力
传动1-CAN系统的连接
驾驶员和副驾驶舒适
9 -CAN系统的连接
10 诊断接口(Gateway)
11 副驾驶门控制器
12 右后门控制器
17 敞篷电子系统SG
18 副驾驶座椅调整
19 后座椅调整SG
20 启动/停止-按钮

变速器控制器 5
发动机控制器 6
水平调节SG 7
…… 8
车载控制器Ⅱ 13
舒适控制器 14
能量管理SG 15
附加暖风SG 16
空调SG 21
…… 22
…… 23

图 4-14 检测时线路的连接

1. 正常的 CAN 总线波形图

正常的 CAN 数据总线波形图示于图 4-15 中。

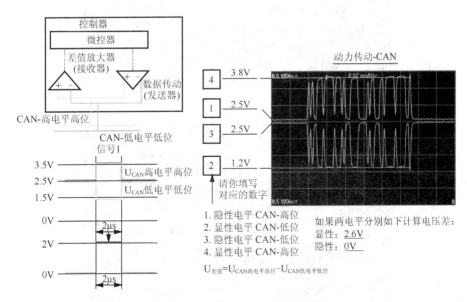

图 4-15 正常的 CAN 总线波形图

2. 故障 CAN 总线波形图

故障 CAN 数据总线波形图示于图 4-16~图 4-29 中。

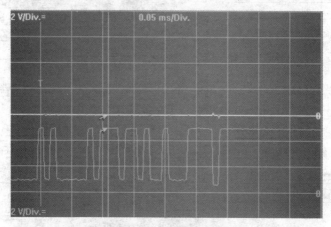

图 4-16　CAN-H 对地线短路

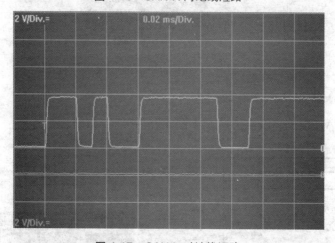

图 4-17　CAN-L 对地线短路

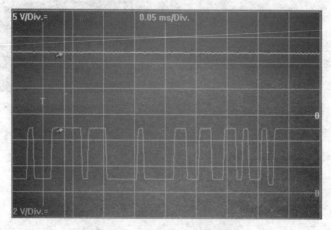

图 4-18　CAN-H 对正极短路

任务 4　数据总线故障的检修

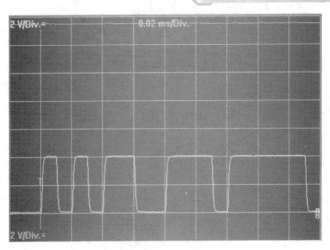

图 4-19　CAN-L 对正极短路

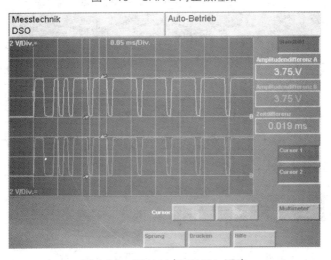

图 4-20　CAN-H 与 CAN-L 短路

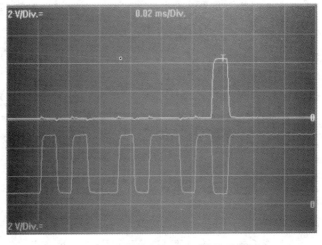

图 4-21　控制单元 CAN-H 线信号故障

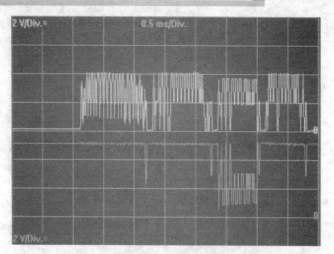

图 4-22 控制单元 CAN-L 线信号故障

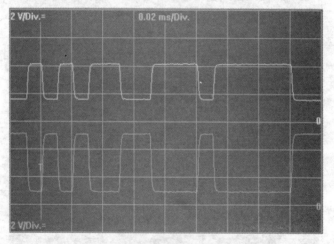

图 4-23 CAN-H 线通过接触电阻与正极短路

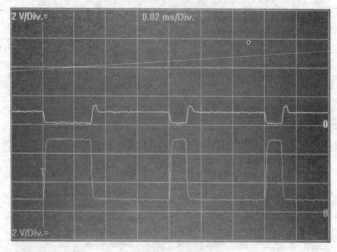

图 4-24 CAN-H 线通过接触电阻与地线短路

任务 4　数据总线故障的检修

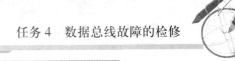

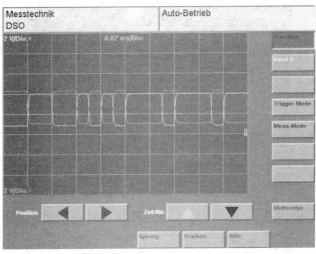

图 4-25　CAN-H 线通过接触电阻与 CAN-L 线短路

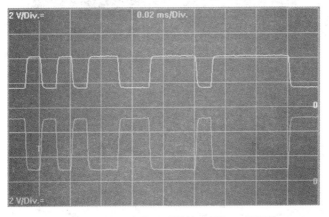

图 4-26　CAN-H 线通过接触电阻与正极短路

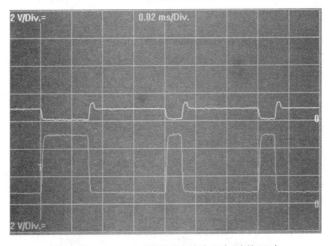

图 4-27　CAN-H 线通过接触电阻与地线短路

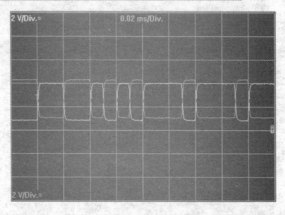

图 4-28　CAN-H 线通过接触电阻与 CAN-L 线短路

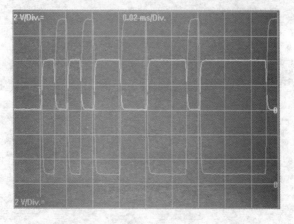

图 4-29　CAN-L 线通过接触电阻与正极短路

4.4　数据总线故障诊断方法

1. 故障诊断仪 VAS5052 查询网关系统安装清单

网关系统安装清单如图 4-30 所示。

图 4-30　网关系统安装清单

2. 故障诊断仪 VAS5052 查询控制单元故障代码

故障诊断仪查询控制单元故障代码如图 4-31 所示。

3. 使用 V.A.G 1598/31 测试总线波形

总线波形如图 4-32 所示。

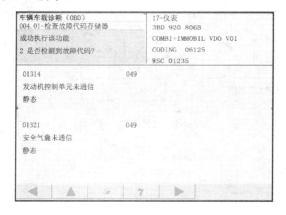

图 4-31　控制单元故障代码

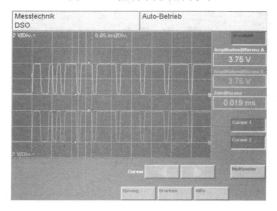

图 4-32　总线波形

4. MOST 网络传输介质——光纤

光纤及结构图如图 4-33 所示。

图 4-33　光纤及结构图(一)

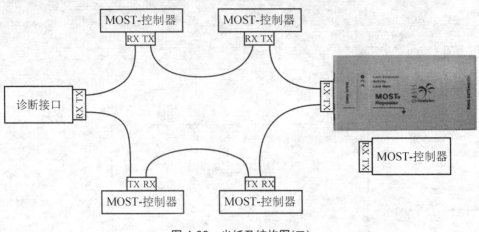

图 4-33　光纤及结构图(二)